Mehr Urlaub auf hoher See

Neue Kurzgeschichten rund um die Kreuzfahrt

von Stefan Schöner

Westflügel Verlag

Bibliografische Information der Deutschen Bibliothek:
Die Deutsche Bibliothek verzeichnet diese Publikation in der Deutschen Nationalbibliografie; detaillierte bibliografische Daten sind im Internet über http://dnb.ddb.de abrufbar.

Impressum

ISBN: 978-3-939408-18-5
Text: Stefan Schöner
Lektorat: Karsten-Thilo Raab
Layout: Ulrike Katrin Peters
Titelillustration: Birgit Tanck

Weitere Informationen zum aktuellen Verlagsprogramm finden Sie im Internet unter:
www.westfluegel-verlag.de

Inhaltsverzeichnis

Allerdings

Meine Frau und ich stehen am Hafen von Barcelona in einer Warteschlange.
In einer sehr, sehr, sehr langen Warteschlange.
In einer Warteschlange, die wohl sehr viel Geduld erfordern wird.
Mist.
Und dabei hatte der Tag doch so schön angefangen…

Am späten Vormittag waren wir in Barcelona gelandet und hatten am Flughafen auch prompt unseren Fahrer getroffen, der uns vom Flughafen zu unserem Schiff im Hafen bringen sollte.
Mit einer Limousine.
Edel.
Ein Oberklassemodell, bequem und so geräumig, dass sich sogar unser nicht unbeträchtliches Gepäck im Kofferraum als eher unbedeutend ausnahm.
Eine flotte Fahrt durch die Stadt, schnell durch den Check-In am Hafen, rauf aufs Schiff und entspannen, das war unser Plan. Vor allem auch der Plan meiner Frau, die an Rückenbeschwerden leidet und der es natürlich ausgerechnet heute nicht so gut geht.
Ein Plan, der sich in nichts auflöste, als wir bereits von der Brücke aus, die das Hafenbecken überspannt, zu unserem Befremden eine große Menschenmasse sahen, die sich vor einem Schiff ballte.
Und da heute nur ein Schiff im Hafen liegt, konnte es sich zwangsläufig nur um unser Schiff handeln…
„Ja, ja", bemerkte unser Fahrer, als könne er Gedanken lesen, „ich weiß auch nicht, warum alle Leute auf einmal kommen. Die hätten doch noch so viel Zeit!"
Und er ergänzte, mit einem Achselzucken und einem kurzen Blick auf uns: „Sie haben natürlich keine große Wahl. Aber das dort sind überwiegend Spanier…"
Schließlich durften wir in unangenehm weiter Entfernung vom Terminal aussteigen und uns der Warteschlange anschließen, während der Fahrer den Kofferraumdeckel schloss und wieder abfuhr.

Und da stehen wir nun.
Vor uns viele Spanier, hinter uns mittlerweile noch mehr Spanier, denn immerhin gehört das Schiff, mit dem wir fahren wollen, einer spanischen Reederei. Alle haben mindestens genauso viel Gepäck wie wir dabei, und alle rutschen alle paar Sekunden ihre Koffer

und Taschen einige, wenige Zentimeter nach vorne, wenn sich die Schlange ein kleines Stückchen vorwärts bewegt.
Ich überschlage die Entfernung und die Geschwindigkeit kurz und komme zu dem Schluss, dass ich das Ergebnis gar nicht so genau wissen will. Vermutlich ist bei diesem Tempo unser Urlaub ohnehin vorbei, bevor wir das Terminal erreichen…
„Sag mal, wo sind denn die Kofferanhänger?", will meine Frau unvermittelt von mir wissen und meint die Anhänger, die die Reedereien stets verwenden, um sicher zu stellen, dass die Gepäckteile auf die richtigen Kabinen geliefert werden.
Sie klingt missmutig und gestresst.
Kein Wunder, hier in der prallen Mittagssonne herumzustehen macht ihre Schmerzen nicht besser.
„Sie haben keine geschickt", antworte ich knapp. „Bekommen wir beim Check-In."
„Und was tut dann die Stewardess da vorne?", fragt sie kritisch und weist auf eine spanische Angestellte der spanischen Reederei, die langsam die Warteschlange abschreitet und ab und an schmale Papierstreifen verteilt.
Ich kneife die Augen zusammen: Jawohl!
Sie verteilt Kofferanhänger, damit man sie gleich während der Wartezeit ausfüllen kann.
Endlich mal jemand, der mitdenkt!
Allerdings…
Irgendwie kann ich kein System erkennen.
Einige Leute bekommen Kofferanhänger, obwohl sogar ich klar und deutlich sehen kann, dass sie schon welche an ihren Koffern haben. Andere wiederum bekommen keine. Scheint irgendwie nach Lust und Laune zu funktionieren. Die junge, spanische Familie mit ihrem Kleinkind direkt vor uns in der Warteschlange bekommt jedenfalls keine der begehrten Anhänger – und wir auch nicht. Zwar strecke ich meine Hand bittend aus, aber das übersieht die junge Frau in der schicken Uniform großzügig und schreitet weiter.
„Was soll denn das?", fragt meine Frau ungehalten, und ich trete schnell einen halben Schritt von ihr weg zur Seite.
Sie ist jetzt unverkennbar auf dem Kriegspfad.
Da sollte man ihr besser nicht im Weg stehen…
„So geht ´ s ja nun wirklich nicht!", wütet sie und folgt der Stewardess, die mir jetzt schon leid tut.
Zumindest ein ganz klein wenig.
Die Stewardess sieht zwar das Unheil in Gestalt meiner Frau nahen

und versucht noch, sich in Richtung Terminal in Sicherheit zu bringen, aber da meine Frau wie immer recht hat, schneide ich ihr kurzentschlossen den Rückzug ab und weise stumm zu meiner besseren Hälfte, die denn auch prompt, nach einem bösen Blick und kurzer Überlegung doch zwei der begehrten Kofferanhänger erhält.
„Na bitte, geht doch!", bemerkt meine Frau halbwegs besänftigt, während ich einen Kugelschreiber aus der Tasche ziehe und mich an die Arbeit mache.
Schriftkram ist bei uns nämlich meine Angelegenheit.
Meint zumindest meine Frau···

Eine Viertelstunde später kommt Unruhe in der Warteschlange auf. Kräftige Mitarbeiter der spanischen Reederei schwärmen aus, inspizieren die Gepäckstücke und nehmen die Koffer, die bereits mit einem Anhänger versehen sind, ihren jetzt in jeder Hinsicht erleichterten Besitzern ab, die ihrerseits dadurch die Warteschlange verlassen und sich zum Terminal begeben können.
Allerdings···
Irgendwie gibt es wieder kein System.
Einige Gäste dürfen ihr Gepäck abgeben, andere müssen es trotz ausgefüllter Kofferanhänger behalten und in der Schlange stehen bleiben.
Wir zum Beispiel.
Ein junger Mann kommt zwar auf mein Winken heran, wirft aber nur einen erschreckten Blick auf unsere beiden Koffer und beschließt dann, diese schwere Bürde doch lieber uns zu überlassen. Auch die junge Familie muss bleiben, vermutlich ist auch ihr Gepäck zu umfangreich.
Ach nein, die haben ja noch nicht mal Kofferanhänger.
Ich werfe einen erwartungsvollen Blick auf meine Frau, aber die massiert sich müde mit geschlossenen Augen den schmerzenden Rücken.
Ein Gutes hat die Sache allerdings: Die Schlange bewegt sich jetzt viel schneller. Klar, durch die Abgänge schrumpft sie. Nach einigen Minuten kann ich sogar den Eingang zum Terminal sehen.
Na also, wer sagt´s denn!

Nach einem weiteren Viertelstündchen stehen wir direkt vor dem Eingang zum Terminal neben der spanischen Familie vor einem Schalter.
Bei diesem Schalter handelt es sich aber nicht, wie ich eigentlich

dachte und hoffte, um den Check-In.
Wäre vermutlich zu einfach.
Langweilig, gewissermaßen.
Unspanisch, wenn man so will.
Nein, hier befinden wir uns nur an der Gepäckaufgabe.
Vier Mitarbeiter sind damit beschäftigt, die Koffer der Gäste zu kontrollieren, ob sie ordnungsgemäß mit Gepäckanhängern versehen und diese Anhänger auch ordnungsgemäß ausgefüllt sind, um sie dann auf große Transportkarren zu laden.
„Warum haben Sie denn noch keine Anhänger?“, wird der junge spanische Familienvater neben mir unwirsch gefragt, während man ihm einige der Papierstreifen aushändigt. „Die sind doch schon in der Warteschlange verteilt worden! Sie halten ja den ganzen Betrieb auf!“
„Sie haben doch schon Kofferanhänger!“, fährt mich dagegen sein Kollege an. „Warum haben Sie denn Ihr Gepäck nicht schon längst an die Gepäckträger abgegeben?“
Mir fällt auf die Schnelle keine Antwort ein, und er wendet sich ab, bevor ich mich von meiner Verblüffung erholen kann.
Nun ja.
Aber immerhin können wir jetzt endlich zum Check-In.

Vor der Halle des Terminals steht ein Steward, auch er in Uniform der Reederei und hält einen dicken Packen Formulare.
Allerdings…
Irgendwie ist die Sache wieder komisch.
Der Steward bietet nämlich seine Formulare niemandem an, händigt sie niemandem aus, sondern fungiert einfach als eine Art menschlicher Formularständer. Die meisten der Gäste beachten ihn auch gar nicht, sondern strömen um ihn herum ins Terminal.
Ich nehme mir frech und vorwitzig ein Formular von seinem Stapel, gewissermaßen vorsichtshalber, und werde mit einem erschreckten Blick bedacht. Ich scheine eine Ausnahme zu sein.
„Was ist das?“, erkundigt sich meine Frau und linst neugierig auf das Formular. „Brauchen wir das überhaupt?“
Ich studiere das Formular, entdecke zu meiner Erleichterung, dass es nicht nur in Spanisch, sondern zusätzlich noch in Englisch gehalten ist, und nicke.
„Das ist offenbar für die Kreditkartenregistrierung. Ja, ich denke, das werden wir brauchen.“
„Meinst du? Da stand nirgendwo etwas davon in den Reisepapieren.“

„Na ja", antworte ich und weise mit einer raumgreifenden Geste auf den Trubel rings um uns, „davon stand ja auch nichts drin, oder?"
Auch wir begeben uns ins Terminal und suchen uns in der Schalterhalle ein ruhiges Eckchen, um das Registrierungsformular auszufüllen.
Rein vorsichtshalber natürlich, wie schon gesagt.

Als ich fertig bin, begeben wir uns auf die Suche nach dem für uns zuständigen Check-In-Schalter. Unsere Gesellschaft hat nicht weniger als 24 Schalter geöffnet, um die Einschiffung zu beschleunigen, und nur an einem stehen tatsächlich wartende Leute.
Sehr ordentlich.
Allerdings…
Einer großen Anzeigetafel ist zu entnehmen, dass 23 der Schalter alphabetisch geordnet sind, man sich also je nach Anfangsbuchstaben des Nachnamens einfach beim richtigen anstellen muss.
Gilt aber leider nur für spanische Staatsbürger.
Für alle Nicht-Spanier ist Schalter Nummer 24 da.
Für uns also, unter anderem.
Es ist der einzige Schalter, vor dem eine lange Schlange wartet.
Welcher auch sonst …

Nach einer halben Stunde Wartezeit – unsere spanischen Mitreisenden strömen bereits in hellen Scharen aufs Schiff – befindet sich vor uns nur noch eine russische Großfamilie an unserem Schalter. Man hat offenbar mit Visa-Problemen zu kämpfen, die aber irgendwann auch gelöst werden, indem man die Leute einfach weg schickt.
Wohin auch immer.
Spanien ist schließlich groß.
So, jetzt sind wir an der Reihe.
Ich lege unsere Tickets vor, unsere einwandfreien, weil visafreien und nicht-russischen Reisepässe und meine Kreditkarte, die sichtlich sehnsüchtig darauf wartet, endlich mit unseren Ausgaben an Bord belastet zu werden. Der Angestellte besieht sich den Papierhaufen mit kritischem Blick.
Allerdings…
Er macht keine Anstalten, uns abzufertigen, sondern schiebt mir einfach alles mit einer brüsken Handbewegung zurück.
„Sie brauchen noch ein Formular für die Registrierung der Kreditkarte", teilt er mir dabei freundlich, aber bestimmt mit. „Das

bekommen sie von meinem Kollegen dort am Eingang."
Er will sich dem nächsten nicht-spanischen Gast zuwenden.
Ich zwinkere meiner Frau zu und schiebe den jetzt etwas unordentlichen Stapel an Unterlagen wieder zu ihm zurück.
„Die Registrierung ist schon dabei", informiere ich ihn genauso freundlich und bestimmt wie er mich gerade, ziehe das Formular aus dem Stapel und halte es ihm unter die Nase. „Schon fertig ausgefüllt und unterschrieben, sehen Sie?"
Das überrascht ihn.
Ungemein.
Er wirft erst mir, dann meiner Frau und dann wieder mir einen Blick zu, der nur als Mischung aus Verwirrung und Entsetzen interpretiert werden kann.
„Jetzt hast du ihn aus dem Konzept gebracht!", wispert mir meine Frau leise, aber vorwurfsvoll zu. „Das ist er nicht gewohnt!"
Mir egal.
Jedenfalls werden jetzt die Unterlagen gesichtet und offenbar für gut befunden, denn man händigt mir ohne weitere Probleme unsere Bordkarten aus. Ich gewinne ein bisschen den Eindruck, dass wir sie selbst dann bekämen, wenn auch wir russische Visa-Probleme hätten – solche grusligen Leute wie uns muss man einfach so schnell wie möglich loswerden.
„So, jetzt geht´s endlich an Bord, da kannst du dich erst mal hinlegen!", sage ich erfreut zu meiner Frau, die erleichtert nickt.

Wir erreichen die Gangway.
Dort hat ein Mitarbeiter der Schiffs-Security Aufstellung genommen, dem wir unsere funkelnagelneuen Bordkarten präsentieren.
Allerdings…
Er will sie gar nicht sehen.
„Wo ist denn Ihre Einschiffungsnummer?", erkundigt er sich streng.
Meine Frau und ich sehen uns an.
„Einschiffungsnummer?", frage ich ratlos. „Eine Einschiffungsnummer hat man uns nicht gegeben."
„Ohne Einschiffungsnummer dürfen Sie aber nicht an Bord!", erklärt er uns. „Sie müssen sich eine holen und dann dort drüben warten, bis sie aufgerufen werden."
Er weist auf einen Wartebereich, den ich bisher völlig übersehen habe.
Wahrscheinlich deswegen, weil niemand dort wartet.
Kein Spanier.

Auch kein Ausländer.
Noch nicht mal ein Russe mit einem Visum-Problem.
Ich seufze.
„Und wo bekommen wir diese Einschiffungsnummer?"
„Dort drüben am Check-In-Schalter!", belehrt mich der Sicherheitsmann und weist auf den Schalter, den wir gerade verlassen haben und vor dem sich weiterhin eine beachtliche Schlange staut.
„Hat Ihnen der Mitarbeiter dort denn keine gegeben? Dann müssen Sie sich halt nochmal anstellen."
„Muss er wohl vor lauter Überraschung vergessen haben···", setze ich an, als meine Frau einschreitet.
„Jetzt ist genug!", braust sie auf.
Aha.
Der schmerzende Rücken.
Der Kriegspfad···
„Kommt ja gar nicht in Frage!", fährt sie den Sicherheitsmann an, der ebenso wie ich vor dem Terminal sicherheitshalber einen halben Schritt zurücktritt, obwohl er sie mindestens um einen Kopf überragt. „Wissen Sie was? Ich habe jetzt die Nase voll. Wir werden jetzt an Bord gehen. Einfach so. Und zwar ohne Nummer!"
Resolut schiebt sie den Spanier, der ob dieser unerwarteten, offenen Rebellion einen leicht glasigen Blick zur Schau stellt, zur Seite, schließt sich einer Gruppe spanischer Gäste an, die seltsamerweise alle auch nicht über Einschiffungsnummern verfügen, und marschiert die Gangway hinauf. Ich werfe einen kurzen Blick auf den Sicherheitsmann und zucke entschuldigend die Schultern, bevor ich mich meiner Frau hinterher eile.
„Frauen!", soll das Schulterzucken sagen. „Kann ich auch nichts machen!"
„Aber das nächste Mal holen Sie sich gefälligst eine Einschiffungsnummer!", ruft uns der Sicherheitsbeamte noch nach, gesichtswahrend gewissermaßen.
Aber gerne doch.
Beim nächsten Mal···

Wir betreten das große, elegante Atrium unseres Schiffes durch die Gangwaypforte. Ein Steward in eleganter, weißer Livree begrüßt uns freundlich, heißt uns herzlich willkommen, erkundigt sich nach unserer Kabinennummer und greift nach unserem Handgepäck.
Allerdings···
Meine Frau zuckt nervös und misstrauisch zurück.

Ich lege ihr besänftigend eine Hand auf die Schulter.
„Keine Sorge!", beruhige ich sie. „Er will uns doch nur auf unsere Kabine begleiten. Alles wird gut…"

Strandausflug

Ich sitze in einem Tenderboot, das auf eine kleine karibische Insel zuhält. Auf meinem Schoß ruht eine Tasche, die eine großes Strandtuch und ein Buch enthält, und meine Familie, nämlich meine Frau und unser vierzehnjähriger Sohn, sitzt neben mir.
Beide wirken abgespannt und etwas genervt, und ich fürchte, dass ich mich hier nahtlos in dieses Erscheinungsbild einpassen kann. Wobei es, zumindest meiner Meinung nach, für meine Umgebung ein Segen ist, dass ich nicht so aussehe wie ich mich fühle. Beschissen wäre da geprahlt...

Die Ursache für unser Missbehagen liegt daran, dass wir gestern einen miesen Tag hatten.
Einen ganz miesen.
Genau genommen sogar einen der miesesten in den letzten Jahren.
Wir sind gestern nämlich von Frankfurt aus hierher in die Karibik geflogen, und allein ein solcher Langstreckenflug schlägt mir schon aufs Gemüt.
Wir hatten aber gestern dazu noch eine Umsteigeverbindung, mit vierzehn Stunden Netto-Flugzeit.
Und noch eine sehr kurze Umsteigezeit, bei der wir uns auf dem Umsteigeflughafen mächtig abhetzen mussten.
Nur um festzustellen, dass der Anschlussflug vier Stunden Verspätung hatte.
Wir hatten darüber hinaus Schwierigkeiten mit dem Gepäck, das nicht durchgehend abgefertigt werden konnte.
Wir kamen erst gegen 21.30 Uhr Ortszeit auf unserem Schiff an und hatten Probleme, noch etwas zu essen zu bekommen.
Und ich hatte zu guter Letzt trotz meiner Müdigkeit große Schwierigkeiten, einzuschlafen. Jet-Lag ist wirklich etwas ganz Ekelhaftes. Heute Morgen beim Frühstück habe ich sogar überlegt, ob wir überhaupt an Land gehen, ob es nicht besser wäre, sich einfach ein ruhiges Eck für ein Nickerchen zu suchen, aber meine Frau, gelockt von den von der Küste herüber winkenden Kokospalmen, hat darauf bestanden.

Deswegen sitzen wir jetzt in diesem Boot, dessen Schaukeln auch nicht geeignet ist, meine Stimmung zu heben.
Obwohl ich offen einräumen muss, dass wir es noch wesentlich schlechter hätten treffen können. Wir machen nämlich heute keine anstrengende Besichtigungstour, sondern – die Reederei hat hier wirklich gut geplant – nur einen Strandausflug. Die kleine Insel, zu der wir fahren, befindet sich komplett im Besitz der Reederei, und da unser Schiff heute hier das einzige ist, gehört sie gewissermaßen uns ganz allein. Etwas Entspannung, da hat meine Frau wie immer recht, kann uns heute wirklich nicht schaden.

Das Boot legt an einem kleinen, hölzernen Pier an, und als wir aussteigen, werden wir mit karibischer Musik empfangen. Eine karibische Band mit Steel-Drums steht am Ende des Piers und bearbeitet ihre Instrumente auf höchst angenehme Weise.
Gefällt mir.
Ich spüre, wie etwas von meiner Anspannung von mir abfällt.
Ein kleines bisschen nur.
Aber immerhin.

Ich trete von den Holzplanken des Piers, merke, wie der warme, weiche, feine, weiße Sand in meine Sandalen rieselt und ziehe sie aus. Die braucht man hier nicht.
Ich grabe meine Zehen in den warmen Sand.
Ein tolles Gefühl.
Allerdings kann ich es nicht genießen, denn meine Frau, die ein paar Schritte vorausgegangen ist, winkt mir aufgeregt zu.
Bei ihr steht einer der einheimischen Stewards, und sie versteht seinen Akzent nicht so richtig.
Ich zunächst auch nicht, aber dann begreife ich: Er will wissen, ob wir Liegestühle möchten und wo er sie aufstellen soll.
Klar, wir möchten.
Und zwar bitte dort drüben, zwanzig Meter vom Wasser entfernt, im Schatten der etwas schief gewachsenen, aber dicht belaubten Palme, wenn es nichts ausmacht.
Macht es nicht.
Binnen zweier Minuten stehen drei Liegestühle unter der Palme.

Wir breiten unsere Badetücher über die Stühle, und ich lasse mich seufzend in meinen hinein sinken. Ich habe ein gutes Plätzchen gewählt: Die Palme über uns spendet genug Schatten, damit wir

in der heißen, intensiven Karibiksonne nicht so schnell verbrennen.
Das Meer ist nur wenige Schritte entfernt, trotzdem aber weit genug weg, um das ausgelassene Gekreische der im Wasser planschenden Kinder nur gedämpft zu uns herüber dringen zu lassen.
Der Ausblick: Grandios.
Einfach grandios.
Wir blicken über den weißen Strand und das blaugrüne Wasser direkt auf unser Schiff, das vor der Küste ankert, alles eingerahmt vom tiefblauen Postkarten-Himmel und saftig-grünen Palmblättern.
Ich atme tief ein: Es riecht nach Meer, nach Salz, ein klein wenig nach Tang und nach nassem Treibholz.
Eine leichte Brise umweht mich, die Palmblätter über mir rascheln leise, und vor mir rauschen die leichten Wellen, die sich am Strand brechen.
Plötzlich fällt meine Abspannung von mir ab.
Nicht nur ein bisschen, so wie vorhin, sondern komplett,
ich fühle mich, als ob ich einfach aus dem Liegestuhl fließen könnte.
Was für ein Gefühl...

Meiner Familie geht es genauso.
Meine Frau hat den Kopf zurückgelegt, die Augen geschlossen und lächelt leicht.
Mein Sohn hat eine Hand auf den Boden gelegt, hebt immer wieder eine Handvoll von dem feinen Sand hoch und lässt ihn verträumt und genüsslich durch seine Finger rieseln, als könne er gar nicht glauben, dass es so etwas überhaupt gibt.

Später gehen wir schwimmen, kurz nur, denn im Meer brennt die Sonne so unerträglich, dass ich befürchte, mir einen richtigen Sonnenbrand einzuhandeln.
Wir gehen essen, denn die Reederei, die wirklich weiß, was ihre gestressten Gäste möchten, veranstaltet ein Barbecue, mit auf offenem Feuer gegrillten Hamburgern und anderen Köstlichkeiten.
Und als es auf einmal, ganz plötzlich, unvermittelt, später Nachmittag ist und wir an Bord zurück müssen, fühle ich mich so ausgeruht, frisch und entspannt, als hätte es den widerwärtigen gestrigen Tag überhaupt nicht gegeben.
Wir steigen ins Boot, und meine Frau wirft noch einen letzten, wehmütigen Blick auf den jetzt wieder verwaisten Strand mit

seinen großen Palmen.
„Das müsste es auf Rezept geben", seufzt sie.
Ich nicke.
Ja, müsste es.
Ich würde mir glatt eine Klinikpackung verschreiben lassen...

Bremsklotz

Mit einem kräftigen Schlag, den ich bis in die Wirbelsäule spüre, setzt unser kleiner Airbus auf der Landebahn in Barcelona auf. Wir werden heute eine Mittelmeerkreuzfahrt antreten und verbrachten einen kurzen und auch sehr angenehmen Flug, angenehm vor allem dank des Glücksfalls, Sitzplätze am Notausgang ergattert zu haben. Der Notausgang sorgte sogar für das, was auf einem Kurzstreckenflug sonst nicht geboten wird: Für Unterhaltung.

Die Dichtung der Luke, die nie benutzen zu müssen jeder Fluggast hofft, wies nämlich ein kleines Druckleck auf, was zu einem leisen Pfeifgeräusch führte, sobald wir Reiseflughöhe erreichten. Meine Frau, die am Fenster saß, amüsierte sich während des ganzen Flugs damit, die Dichtung immer wieder anzupiksen und damit die Höhe des Pfeiftons zu ändern, und ich amüsierte mich über unsere Mitreisenden auf der anderen Gangseite, die – sichtlich unter Flugangst leidend – meine Frau gebannt beobachteten und völlig verkrampft offenbar darauf warteten, dass sich die Luke losreißt.
Was sie natürlich nicht tat.
Aber sie vertrieb uns die Zeit, und dafür muss man dankbar sein.

Unsere Maschine rollt zum Terminal. Die Stewardess bittet routiniert darum, noch sitzen zu bleiben und die Gurte geschlossen zu halten, „bis wir unsere endgültige Parkposition erreicht haben", und erreicht mit ihrer Durchsage, dass die Hälfte der Passagiere sofort aufsteht und das Handgepäck aus den Fächern über den Sitzen zerrt.
So wie immer eben...
Wir bleiben sitzen, irgendwie sehe ich nämlich gar nicht ein, warum ich unnötig im Gang herumstehen soll. Schließlich haben wir genug Zeit, und auch die ganz Eiligen sieht man meistens am Gepäckausgabeband wieder.

Wir erreichen das Gate. Mit einem kurzen Nicken kommt der Airbus zum Stillstand, und das gedämpfte Heulen der Turbinen verstummt. Wir sind da. Ich sehe aus dem Fenster: Keine Außenposition diesmal. Dort drüben ist die schlauchähnliche Gangway, die gleich an den Einstieg unserer Maschine herangefahren wird. Ich erhebe mich kurz und nehme auch unsere beiden Taschen aus der Gepäckablage, setze mich aber gleich wieder hin: Im Mittelgang drängeln sich die Menschen nämlich dicht an dicht, und der Ausstieg ist noch zu.
Dauert halt noch ein wenig.

Nach einigen Minuten wird meine Frau unruhig.
„Was brauchen die denn so lange?", will sie wissen, und ich merke ihr ihre Ungeduld an.
Recht hat sie.
Wie immer.
Irgendwas stimmt nicht.
Mittlerweile müssten wir eigentlich schon längst aussteigen dürfen. Ich spähe aus dem Fenster und kann die Gangway sehen, die nach wie vor unbeweglich in ihrer Ruheposition verharrt. Ich erkenne sogar den Fahrer, der in der kleinen Nische an den Kontrollen steht und gelangweilt zu unserer Maschine herüber schaut. Mehr als schauen macht er aber leider nicht.
Vor allem macht er keine Anstalten, seine Kontrollen zu bedienen. Bei unseren Mitreisenden, die mittlerweile schon zehn Minuten dicht gedrängt im Mittelgang stehen, kommt noch mehr Unruhe auf als bei meiner Frau. Etliche lassen ihr Handgepäck auf die Füße der Umstehenden fallen, das Geraune und Getuschel wird lauter und gereizter.
Ich kann sie verstehen.
Verdammt noch mal, macht hinne, wir wollen endlich raus aus dieser fliegenden Konservendose! So schwer kann es doch nicht sein, eine Luke zu öffnen!

Schließlich knackt der Lautsprecher über uns, und der Flugkapitän meldet sich. Er entschuldigt sich für die Verzögerung, teilt uns aber mit, dass es noch etwas dauern könne. Der Grund dafür, so erzählt er uns, und ich kann die Verlegenheit in seiner Stimme hören, liegt in einem Personalengpass beim Flughafen: Zwar hat man den Fahrer der Gangway rechtzeitig ans Gate geschickt, aber leider gibt es im Augenblick niemanden, der die Bremsklötze an die Räder unseres Flugzeugs legen kann. Solange aber die Räder

nicht gesichert sind, solange darf der Gangway-Fahrer nicht seines Amtes walten.
Und wir dürfen nicht aussteigen.
Sorry.
Meine Frau und ich schauen uns an und brechen in Gelächter aus. Eine hochtechnisierte Maschinerie im 21. Jahrhundert kommt zum Stillstand, weil es niemanden gibt, der ein paar alte Holzklötze an ihren Platz legt.
Unglaublich.

Schließlich, eine weitere Viertelstunde später, bemerkt meine Frau mit Blick zum Fenster: „Ich glaube, es ist soweit, da ist gerade irgendwer gekommen."
Wie zur Bestätigung setzt sich nur einen Augenblick später die Gangway in Bewegung, und kurz danach auch die Schlange der Passagiere im Mittelgang.
Wir steigen aus.
Ein Hoch auf die Bremsklötze!

Als wir eine knappe halbe Stunde später im Bus sitzen, der uns zum Hafen und unserem Schiff fahren wird, stößt mich meine Frau an.
„Du", sagt sie eindringlich zu mir, „hoffentlich können wir heute Abend auslaufen!"
„Warum sollten wir nicht auslaufen können?", will ich verständnislos wissen.
„Na ja", meint sie, „nicht dass im Hafen derjenige fehlt, der die Bremsklötze von unserem Schiff entfernt!"

Business

Wir – meine Frau und ich – stehen in New York auf dem Broadway. Ich stehe hier in einer persönlichen Mission, und die hat nichts, absolut nichts mit den hier reichlich vorhandenen Musical-Theatern zu tun.
Wenngleich durchaus etwas mit Unterhaltung…
Leider ist mir nämlich vor einigen Tagen, als ich unsere Koffer für die Reise packte, ein grober und unangenehmer Fehler unterlaufen.

Wir benutzen seit einiger Zeit auf unseren Reisen elektronische

Lesegeräte, sogenannte E-Book-Reader. Unserer Meinung nach sind die Dinger gerade für Leseratten, die oft auf Reisen gehen, die tollste Sache seit der Erfindung von geschnittenem Brot.
Vorbei sind die Zeiten, in denen man kiloschwere Wälzer mit sich herumschleppen musste; in denen man mit den Bodenhostessen der Fluggesellschaften um das Übergewicht feilschte, in denen man an den Sicherheitskontrollen peinlich genau gefilzt wurde, weil die Gepäckscanner nur organisches Material anzeigen und daher den Unterschied zwischen einem Buch und einem Block Plastiksprengstoff nicht erkennen.
Nein, heutzutage hat man seine komplette Bibliothek dabei. Hunderte, ach was, Tausende von Bänden, alle auf einen Griff per Knopfdruck verfügbar.
Handlich und leicht.
Großartig, wie schon gesagt.
Allerdings haben die Reader einen kleinen Nachteil: Sie benötigen Strom. Nicht viel, nein, eine Batterieladung reicht für mehrere Wochen. Aber wenn der Akku irgendwann leer ist, muss man ihn halt wieder aufladen, sonst ist Schluss mit der Lektüre.
Und ich, ich habe das Ladegerät vergessen.
Nicht vergessen, um genau zu sein.
Aber in der Hektik der Abreise habe ich das falsche eingepackt, und das ist im Endergebnis genauso schlecht.
Und zwar, um dem Ganzen die Krone aufzusetzen, nicht einmal das Ladegerät für mein eigenes E-Book, damit könnte ich ja noch leben.
Sondern das für den Reader meiner Frau.
Peinlich, peinlich.
Sie hat die Hiobsbotschaft zwar mit scheinbarer Gelassenheit aufgenommen, aber das Angebot, doch einfach mit meinem Reader weiterzulesen, mit der demonstrativ-vorwurfsvollen Miene ablehnt, die mir viel mehr sagt als tausend Worte.
Einer Miene, die mich in den nächsten Wochen der Reise, vor allem während der Seetage der bevorstehenden Atlantik-Überquerung, begleiten wird.
Und deshalb muss ich hier Abhilfe schaffen.
Unverzüglich.
Und der Broadway zeichnet sich glücklicherweise nicht nur durch seine Theater aus, sondern auch durch eine ganze Reihe von Elektronikfachgeschäften.

So wie das, das wir eben betreten.

Der Verkäufer empfängt uns freundlich, hört sich mein Problem an und nickt verständnisvoll.

Ein Ladegerät für einen E-Book-Reader?

Sollte nun wirklich kein Problem sein.

Er packt sogar zuvorkommend einen neuen Reader aus, das gleiche Modell, das meine Frau benutzt, um sich den Stromanschluss genau anzusehen, und präsentiert mir ein Universal-Ladegerät, das der Herstellerbeschreibung nach zu schließen alles und jedes laden kann, was mit Strom funktioniert.

Sehr schön.

Genau was ich brauche.

Das bleibt jetzt immer im Koffer. Nur, falls ich wieder mal was vergesse oder verwechsle.

Gekauft.

Ich zücke meine Kreditkarte.

Der Verkäufer wirft einen kritischen Blick auf meine Kamera, die an ihrem Riemen um meinen Hals baumelt und mich als typischen Touristen ausweist, und fragt mich, ob ich nicht noch ein paar Objektive bräuchte. Dabei zwinkert er mir mit dem linken Auge verschwörerisch zu und weist nach hinten in das Geschäft, in die Ecke, in der wohl die Kameraabteilung untergebracht ist.

Ich schüttle den Kopf.

Nein, ich brauche keine Objektive, vielen Dank, ich bin gut versorgt.

„Dann aber vielleicht Filter?“, fragt der Verkäufer und zwinkert jetzt heftig mit dem rechten Auge.

Hat er vielleicht einen Tick?

Ist mir vorhin gar nicht aufgefallen.

„Nein, danke, brauche ich auch nicht“, teile ich ihm daher mit und wedle mit der Kreditkarte.

Nur das Ladegerät, bitte.

„Sehen Sie sich´s doch wenigstens mal an!“, fordert mich der Verkäufer auf und zwinkert jetzt so stark mit beiden Augen, dass ich um seine Lider fürchte, während er mich mit mehr oder weniger sanfter Gewalt in die Kameraabteilung schiebt.

Meine Frau folgt uns, alarmiert, mit beunruhigtem Gesichtsausdruck.

Was soll das, verdammt noch mal?

Ich will kein Kamerazubehör!

Ich öffne den Mund, um ihm das zu sagen, als er sich vertraulich zu mir vorbeugt.

„Wenn Sie das Ladegerät bar zahlen, mach ich´s ein Viertel billi-

ger!", raunt er mir zu.
Ach so···
Jetzt verstehe ich das Zwinkern.
Zögernd ziehe ich meinen Geldbeutel aus der Tasche, stecke die Kreditkarte weg und schaue ins Bargeldfach, das allerdings ziemlich leer ist – immerhin sind die USA ja die Mutternation aller Kreditkarten.
„Bedauere", flüstere ich verschwörerisch zurück und zeige ihm meine Barschaft, „ein Viertel reicht nicht. Aber wenn Sie nochmal fünf Dollar nachlassen, sind wir im Geschäft."
Der Verkäufer zieht ein schmerzliches Gesicht, sieht in der Ferne einen anderen Mitarbeiter des Ladens nahen, und nickt. Blitzschnell wechseln Geld und Ladegerät den Besitzer.
Zug um Zug, so nennt man diese Art von Geschäft wohl...
Dann erläutert er mir mit demonstrativ gehobener Stimme die Vorzüge einiger Objektive, die ich aber genau so demonstrativ laut weiterhin ablehne, während ich zusammen mit meiner Frau das Geschäft verlasse.

Draußen, auf dem Broadway, fragt mich meine Frau verdutzt: „Was war das denn jetzt?"
„Ach, vermutlich ist da eben ein Ladegerät vom Lastwagen gefallen", antworte ich leichthin und zwinkere ihr genauso zu wie der Verkäufer eben mir.
„Und das soll legal sein?", fragt mich meine Frau streng. „Das glaube ich aber nicht."
Womit sie genau genommen natürlich recht hat.
Wie immer eben.
„Oh Frau", entgegne ich nach einer Sekunde Überlegung, „das nennt man hier Business. Aber davon verstehst du eben nichts..."

Der Deckchair

Es ist ein schöner Frühherbsttag. Unser Schiff arbeitet sich auf dem Weg nach Bremerhaven durch die leicht kabbelige Nordsee, und die Sonne arbeitet sich immer wieder durch die leichte Bewölkung. Es weht eine steife, nach Salz riechende Brise.
Ein idealer Tag also, um ihn an Deck zu verbringen.
Gut eingepackt natürlich, denn die Temperaturen sind der Jahreszeit angemessen recht frisch.

Meine Frau und ich fahren zum ersten Mal auf einem Schiff, das ausschließlich auf dem deutschen Markt angeboten wird, mit rein deutschem Publikum also.
Auf einem „Klassiker", der fast genauso viele Jahre wie ich auf dem Buckel hat.
Und etliche Millionen Kilometer mehr, schätze ich.
Heute wird an Bord ein klassisches Ereignis deutscher Kreuzfahrtkultur gefeiert: Ein Weißwurstfrühstück. Das bedeutet, dass auf dem offenen Achterdeck des Schiffes Weißwürste angeboten werden, dass Freibier ausgeschenkt wird und dass man für eine passende musikalische Begleitung sorgt.
Da meine Frau und ich solche Veranstaltungen nicht so recht zu schätzen wissen, haben wir uns ein ruhiges Fleckchen auf dem Vorschiff gesucht. Das ist nämlich einer der großen Vorteile eines klassischen Hochseeschiffs: Es gibt Unmengen an offenen Deckflächen, mit vielen, schönen, versteckten Winkeln, alles wunderbar mit echtem Teakholz beplankt. Unser Lieblingsplatz ist schön windgeschützt, und auch die Weißwurst-Musik müssen wir nicht ertragen, bis auf einige, wenige Melodiefetzen, die der Wind verhalten zu uns nach vorne weht.
Gott sei Dank nur verhalten.
Im Augenblick widmet sich nämlich die überwiegend russische Besatzung mit slawischem Akzent dem unvergesslichen Seemannslied „I bin der Anton aus Tirol!"
Nein, das müssen wir nicht haben.

Ein weiterer Vorteil des Klassikers ist seine Möblierung. Wo auf modernen Schiffen zweckmäßige und manchmal sogar billige Liegen aus Kunststoff oder Aluminium verwendet werden, findet man hier tatsächlich noch richtige Deckchairs aus echtem Teakholz, ebenfalls Klassiker, so wie sie schon auf dem Deck der Titanic standen, alle zusammengeklappt oderntlich in einer Nische verstaut. Ich stelle meiner Frau einen solchen Deckchair auf – Mann, hat das Ding ein Gewicht – und greife nach einem zweiten für mich selbst. Meine Frau beäugt ihn misstrauisch, während ich ihn auseinander klappe, und auch ich muss in einem kritischen Augenblick einräumen, dass er nicht nur so konstruiert ist wie die der Titanic. So wie er aussieht, ziemlich mitgenommen, mit Schrammen und Kerben, könnte er tatsächlich noch von der Titanic stammen. Ich kann vor meinem geistigen Auge direkt sehen, wie dieser spezielle Deckchair im April 1912 im eiskalten Nordatlantik treibt, während sich irgendeine verlorene Gestalt verzweifelt daran festklammert. Ich

schüttle kurz den Kopf, um diese Gedanken zu vertreiben, bringe das Auflagepolster an und setze mich in den Deckchair.
Das alte Teakholz ächzt leise.
Meine Frau schaut immer noch skeptisch.
„Willst du dir nicht lieber einen anderen nehmen?", fragt sie besorgt.
Nein, wieso denn, nicht nötig.
Wenn dieses Möbel in den letzten Jahrzehnten funktionierte, warum sollte es das ausgerechnet in den nächsten Minuten nicht tun?
Ich rutsche mein Hinterteil bequem zurecht, ohne auf das jetzt etwas lautere Ächzen des Holzes zu achten, und schwinge mein linkes Bein auf die Fußablage.
Nicht gut.
Das Ächzen geht in ein langgezogenes Knacken über, das plötzlich von einem zwar nicht allzu lauten, aber deutlich hörbaren Knall übertönt wird. Aus dem Augenwinkel sehe ich etwas Goldfarbenes mit recht hoher Geschwindigkeit über das Deck sausen.
Nein, nicht goldfarben, korrigiere ich mich, messingfarben. Einer der Beschläge meines Deckchairs, zweifellos. Gleichzeitig spüre ich, wie sich meine Sitzposition verändert, unseligerweise allerdings ohne mein Zutun. Mit erneutem lautem Kacken rutscht meine Rückseite tiefer, und gleichzeitig gerate ich in eine deutliche Schieflage nach links.
Da „links" von Seeleuten „Backbord" genannt wird und eine Schieflage „Schlagseite" heißt, könnte man mit Fug und Recht behaupten, ich hätte jetzt in meinem Deckchair Schlagseite nach Backbord.
Und zwar eine schwere.
Mein rechter Fuß – pardon, mein Steuerbord-Fuß – der eben noch fest auf dem Deck stand, schwebt nun einige Zentimeter darüber.
Glücklicherweise kommt jetzt die Bewegung zum Stillstand.
„Was machst du denn da?", erkundigt sich meine bessere Hälfte aus der behaglichen Sicherheit ihres intakten Sitzmöbels, aber ich würdige ihre blöde Frage keiner Antwort.
Was ich mache, sieht man doch deutlich, oder?
Ich entspanne mich in meinem Deckchair.

Ich überlege, wie ich mich am besten aus meiner prekären Stellung befreien kann. Am wirkungsvollsten wäre es, ich würde mein rechtes Bein auf die linke Seite schwingen und mich dort abstützen, aber leider spielt da meine Anatomie nicht mit. Meine Hüfte

ist im Weg.
Ein Schlangenmensch könnte das vielleicht schaffen.
Ich aber nicht.
Ich beschließe statt dessen, mein linkes Bein von der Fußablage wieder auf das Deck zu stellen, um das offenbar doch recht brüchige Holzgestell zu entlasten.
Ein Fehler.
Ein schwerer Fehler.
Mein Deckchair reagiert auf diese erneute Belastungsänderung sehr unwillig, und noch bevor mein Fuß das Deck wieder erreicht, kracht das Holz erneut. Mein Hinterteil rutscht bis aufs Deck hinunter – gewissermaßen bekommt mein Heck Grundberührung – während sich zuerst die Sitzfläche und dann der ganze Deckchair weiter nach Backbord neigen.
Diesmal unaufhaltsam.
Das Möbel kippt.
Diesen Vorgang nennt man seemännisch „kentern".
Ich und mein Deckchair kentern gemeinsam nach Backbord, begleitet vom jetzt lauten Knirschen und Krachen brechenden Holzes. Zumindest hoffe ich, dass es nur Holz ist, das da bricht.
Ich überlege panisch, wie ich der Katastrophe entkommen könnte, aber es ist zu spät, und ich kann nichts mehr anderes tun, als mich krampfhaft an den Armlehnen festzuklammern, während das Deck auf mich zu saust.
Nach wenigen Augenblicken liege ich schließlich der Länge nach bäuchlings auf dem Deck, begraben unter dem Wrack des einst so stolzen Deckchairs. Nach einem letzten „Ping!", mit dem ein letztes Stückchen Messing auf das Deck klappert, herrscht Ruhe, abgesehen vom leise vom Achterdeck herüber wehenden Gesang.
„Es gibt kein Bier auf Hawaii!", informiert mich die Besatzung vom Achterdeck her, bevor das Lied im Gelächter meiner Frau untergeht. Sie sitzt entspannt in ihrem Sessel und schüttet sich aus vor Lachen.
„Du müsstest dich jetzt mal sehen!", japst sie. „Du siehst aus wie eine gestrandete Riesenschildkröte!"
Wobei beim letzten Wort die Stimmhöhe rasant zu einem Quicken ansteigt und wieder in Gelächter übergeht.
Ja, ja, wer den Schaden hat, spottet jeder Beschreibung, das weiß man ja.
Ich manövriere mich vorsichtig auf allen Vieren aus dem Trümmerfeld und taste mich dabei ab.
Nein, nichts gebrochen, ich bin heil und unversehrt.

Lediglich mein Stolz hat etwas abgekriegt.
Schließlich stehe ich wieder auf den Beinen und inspiziere die Havarie. Sieht eigentlich gar nicht so schlimm aus. Zumindest kann ich mit zwei oder drei Handgriffen das Gewirr aus Holzstreben so weit ordnen, dass sich der Deckchair wieder zusammenklappen lässt.
„Was hast du denn jetzt vor?", erkundigt sich meine Frau und wischt sich die Tränen aus den Augen.
„Wegräumen!", erkläre ich lapidar.
Ich werde das gute Teil wieder zu den anderen Deckchairs in ihrer Nische stellen und ein weiteres Exemplar ausprobieren. Soll sich doch ein anderer Gast mit meinem Titanic-Möbel herumärgern.
Der nächste Deckchair erweist denn auch als wesentlich belastbarer, wie ich nach umfassender und intensiver, trotzdem vorsichtiger Erprobung feststelle.
Und so genießen wir den Tag auf See.
Die Sonne, die nach Salz riechende Brise.
Eingepackt in eine warme Decke auf unseren schönen Teakholz-Deckchairs.

Zuhause, nach Ende unserer Reise, in unserem Garten, unterziehe ich unsere Gartenmöbel einer intensiven Untersuchung, kontrolliere peinlich genau jede einzelne Strebe und jede Schraube.
Zwar ist unser Möbel funkelnagelneu.
Aber Vorsicht ist bekanntlich die Mutter der Porzellankiste.
Immerhin handelt es sich auch bei unserem Gartenmöbel um Deckchairs...

Akzent

„Bitte sehr, Ihr Cocktail, Sir!"
Mit diesen Worten setzt eine Pool-Stewardess das Glas auf dem Tischchen neben meiner Sonnenliege ab. Sie sagt das natürlich auf Englisch, immerhin befinden wir uns ja auf einem amerikanischen Schiff. Gerade mal dreißig Deutsche sind an Bord, und die verlaufen sich. Wir jedenfalls sind bisher nur wenigen begegnet.

Geistesabwesend bedanke ich mich.
Geistesabwesend deswegen, weil ich gerade in ein spannendes Buch vertieft bin. Heute ist nämlich ein Seetag, und da gibt es nichts anderes zu tun als – nichts.

Absolut nichts.
Außer essen.
Und Cocktails trinken.
Und vielleicht von der Sonnenliege aus die Blicke über die See schweifen zu lassen.
Und zu lesen, wie schon erwähnt.
Und weil ich so in mein Buch vertief bin, bemerke ich erst, als die Stewardess mich anspricht, dass sie noch vor mir steht.
„Sie sind aber nicht aus den USA?“, fragt sie mich lächelnd.
Ich sehe von meinem Buch auf. Vor mir steht eine junge Frau in der Uniform der Reederei, schätzungsweise Mitte Zwanzig.
Sehr hellhäutig, strohblond, mit Sommersprossen.
Strahlend blaue Augen.
Ihr Namensschild verrät überraschenderweise, dass sie aus Südafrika stammt.
Oh Mann, da schlagen aber die alten, burischen Gene durch!
Ich bringe ein schiefes Lächeln zustande.
„Nein, ich komme aus Deutschland“, erkläre ich ihr. „Aber das haben sie sicher am Akzent schon bemerkt, nicht wahr?“

Mein Akzent ist nämlich, vornehm ausgedrückt, dominant.
Weniger vornehm: Er ist einfach grauenhaft. Ich komme aus Franken, einem Gebiet in Deutschland, das für einige ausgesprochen charakteristische Mundarten bekannt ist.
Und das legt man nie ab.
Egal, welche Sprache ich auch zu sprechen versuche, sie klingt immer fränkisch.
Liegt halt einfach an der Prägung.
Und natürlich am Übungsdefizit.
Aber dass man das schon an zwei so einfachen Worten wie „Thank you!“ hören kann, das gibt mir jetzt schon zu denken.
„Da muss ich dran arbeiten“, denke ich mir.

Die Stewardess nickt.
„Ja, das habe ich mir gedacht. Aber ich finde Ihren Akzent süß. Richtig bezaubernd!“
Sie blinzelt mir noch einmal zu, bevor sie sich mit einem kecken Hüftschwung von mir ab- und ihrer Arbeit wieder zuwendet.

Ich sehe ihr mit offenem Mund nach, bis mein Blick schließlich den meiner Frau kreuzt.
Ihren strengen Blick.

Den Blick über den Rand ihrer Sonnenbrille hinweg.
Den zum Patent angemeldeten Blick mit der steilen Falte auf der Stirn.
„Musst du denn wirklich ständig mit dem weiblichen Personal flirten?“, fragt sie mich missbilligend.
Ich öffne den Mund, um über den Begriff „ständig“ zu sprechen, um zu nachzuhaken, wer hier wohl mit wem geflirtet hat, um zu fragen, ob sie es lieber sähe, wenn ich mit dem männlichen Personal flirten würde.
Wortlos schließe ich ihn aber wieder.
Das hätte keinerlei Sinn bei meiner Frau, das weiß ich.
Nicht umsonst hat sie schließlich immer recht.

Ich schaue wieder in mein Buch, kann mich aber nicht mehr so richtig konzentrieren, und nippe nachdenklich an meinem frischen Cocktail.
Süß, was?
Bezaubernd, hm?
Ich schüttle für mich den Kopf.
Das kam jetzt völlig überraschend.
Aber definitiv ein guter Anlass, wirklich an meinem Akzent zu arbeiten, das nehme ich mir fest vor.
Bald.
Wird sich sicher lohnen...

Geheimtipp

Hallo!
Sie da!
Sie sehen ja so verloren aus!?
Genießen Sie denn den Kapitänscocktail nicht?
Schauen Sie doch: Festlich gekleidete Mitreisende, Stewards in Gala-Uniform, Champagner im Überfluss!
Da vorne kommt gerade der Kapitän, um jedem, der es möchte, die Hand zu schütteln, und Sie ziehen eine solche Trauermiene?
Ach so – Sie haben Probleme, mit andern Leuten ins Gespräch zu kommen?
Jemanden anzusprechen?
Kontakte zu knüpfen?
Na, da hätte ich einen kleinen Tipp für Sie...

„Ach, was sind das für hübsche Schuhe!"
Diesen Ausruf beziehe ich erst nach einem Blick ins Gesicht der älteren Engländerin, die ihn ausgestoßen hat, einem zweiten Blick auf meine Fußbekleidung und nach einer Gedenksekunde auf mich.
Wir stehen im Aufzug zum Sonnendeck. Heute ist ein Seetag, entsprechend habe ich mein Buch und meine Sonnenbrille dabei und bin leger gekleidet. Ich trage ein Polo-Shirt und eine bequeme Baumwollhose.
Und, na ja – meine Crocs.
Leichte Plastikschuhe, um die Sache beim Namen zu nennen.
Bequem, zugegeben.
Aber Plastik.
Hätte ich früher nie angezogen.
Früher hatte ich auf Seereisen immer stilechte Deckschuhe dabei, aus festem Segeltuch und mit schwerer Gummisohle. Aber das Stichwort bei diesen Deckschuhen ist leider „schwer". In Zeiten, in denen Fluggesellschaften Unsummen für Übergepäck verrechnen und hinter jedem Gramm her sind wie der Teufel hinter der armen Seele, da ist „schwer" natürlich gleichbedeutend mit „schlecht".
Und so habe ich diesmal meine „schlechten" Deckschuhe zu Hause gelassen und stattdessen die „guten" Crocs mitgenommen, weil die halt nur einen Bruchteil der Deckschuhe wiegen.
Nagelneue Crocs übrigens.
Habe ich erst kurz vor der Reise spottbillig im Ausverkauf erstanden. Sie sind weiß mit hellblauen Fersenriemen, der linke Schuh trägt ein Bild einer gelben, lächelnden Sonne, der rechte noch ihre Strahlen.
In Anlehnung an die argentinische Nationalflagge.
Ziemlich albern, genau genommen.
Aber eben leicht, wie schon gesagt.
Und dass die Engländerin sie hübsch findet, beweist wieder einmal, dass man halt über Geschmack nicht streiten kann.
Trotzdem komme ich mit ihr ins Gespräch. Von Schuhen gleitet es ab bis zu ihrer Tochter, die in Mannheim arbeitet, wo ich vor etlichen Jahren studierte, und so unterhalten wir uns über diese Stadt.
Ach ja, Mannheim, das waren Zeiten...
Es ist meine Frau, die mich schließlich, ungeduldig von einem Fuß auf den anderen tretend, loseist. Schließlich will ich mich ja nicht den ganzen Tag mit der Engländerin unterhalten, meint sie...
Auf dem Sonnendeck suchen wir uns eine Liege. Ein Decksteward

eilt herbei und packt uns fürsorglich in ein paar Wolldecken ein, denn schließlich weht hier auf dem Atlantik auch bei Sonnenschein ein ganz schön kühler Wind.
Auch der Steward findet meine Crocs toll. So toll, dass ich mich binnen kürzester Zeit in einem Gespräch über den europäischen Fußball und die letzte Weltmeisterschaft wiederfinde, und das trotz des verblüfften Kopfschüttelns meiner Frau.
Das übrigens in den nächsten zwei Tagen kaum nachlässt.
Ich plaudere – immer ausgehend von meinen Crocs – mit einem Winzer-Ehepaar aus Oregon über die Vorzüge von Frankenwein und die besten Anbaumethoden für Chardonnay in Nordwest-Amerika.
Ich erläutere einem Ehepaar aus Kalifornien die Sehenswürdigkeiten Roms.
Ich tausche mich mit einem Ehepaar aus Utah über die Fluganbindung der deutschen Großstädte an amerikanische Flughäfen aus.
Ich stelle mit einem Herrn aus Ohio vergleichende Betrachtungen über europäischen Fußball und amerikanischen Football an.
Mit einem Ehepaar aus Dallas bespreche ich die Vor- und Nachteile der amerikanischen und deutschen Studiensysteme.
Mit einer allein reisenden Amerikanerin unterhalte ich mich über Goldschmuck, ein Thema, dem sogar meine Frau aufmerksam folgt.
Und das alles sind nur Beispiele.
Zum Lesen komme ich eigentlich gar nicht mehr.
„Man hat ja keine ruhige Minute mehr mit dir und deinen blöden Schuhen!", faucht meine Frau am Ende des zweiten Tages gereizt, und ich widerspreche nicht, denn sie hat natürlich wie immer recht.
„Wirf die Dinger auf der Stelle weg!", weist sie mich streng an, ein Befehl, dem ich allerdings nicht nachkomme.
Dazu ist die Sache einfach viel zu interessant.

Also: Wenn Sie Kontakte suchen, wenn Sie mit Leuten ins Gespräch kommen wollen, dann kaufen Sie sich am besten ein paar Gummipantoffeln.
Möglichst bunt.
Mit albernem Dekor.
Ist ein absolut unfehlbarer Weg.
Aber – pst!
Nicht weitersagen!
Ist ein Geheimtipp···

Starker Auftritt

Meine Frau und ich stehen auf dem Promenadendeck unseres Schiffes müßig an der Reling und verfolgen das bunte Treiben im Hafen. Wir sind heute in Charlotte Amalie, einem zollfreiem Einkaufsparadies in der Karibik, das besonders für seinen preisgünstigen Schmuck bekannt ist.
Wobei mich, wie ich offen zugeben muss, diese Beschreibung nicht ausreichend auf die tatsächlichen Verhältnisse des kleinen Ortes vorbereitete.
Nicht mal annähernd.
Charlotte Amalie hat nämlich nur 2500 Einwohner, und unter denen müssen sich, so stellte sich beim ersten Bummel entlang der einzigen Einkaufsstraße heraus, mindestens 2500 Juweliere befinden.
Zum Entzücken meiner Frau.
Zum Entsetzen meiner Kreditkarte.
Und nun, nun ist später Nachmittag. Wir werden in wenigen Minuten ablegen und lassen einen letzten Blick über die Stadt und den Hafen schweifen.
Einen wehmütigen Blick, was meine Frau angeht, und einen erleichterten von mir···

„Sag mal, müssten wir nicht schon unterwegs sein?“, will meine Frau auf einmal wissen.
Ich gucke auf die Uhr: Meine Frau hat recht, wie immer. Eigentlich sollten wir schon vor wenigstens zehn Minuten die Leinen losgeworfen haben.
Wie aufs Stichwort meldet sich die Brücke: Es fehlten, so teilt man uns mit, noch zwei Passagiere, und man würde noch genau fünf Minuten warten. Wenn die Nachzügler bis dahin nicht eingetroffen seien, so erfahren wir, könnten sie als abschreckendes Beispiel für alle anderen dienen und würden zurückgelassen werden.
Ich zucke die Schultern.
Wir sind immer pünktlich. Spätestens eine Stunde vor dem Ablegen muss sich das Schiff in Sichtweite befinden, so lautet unsere ganz persönliche Regel. Wir brauchen also wirklich kein Exempel···

Pünktlich fünf Minuten später brüllt die Sirene unseres Schiffes, und das Echo hallt durch den Hafen und die Bucht vor der kleinen Stadt. Die Besatzung macht sich daran, die Gangway einzuziehen, die Hafenarbeiter werfen die ersten Leinen los.

„Die beiden werden uns wohl zum nächsten Hafen hinterher fliegen müssen", stellt meine Frau ungerührt fest, als auf einmal am Zugang zum Kai Bewegung aufkommt. Ein Ehepaar, beide mit weißen Sonnenhüten und einer riesigen Sammlung riesiger Einkaufstüten – Was denn, in Charlotte Amalie gibt ´ s tatsächlich noch was anderes als Schmuck? – schlendern gemütlich und ohne große Eile unserem Schiff zu.
„Beeilt euch mal ein bisschen!", brüllt jemand über den Kai.
Ich hebe erstaunt den Kopf.
Der Ruf kommt von einem anderen Kreuzfahrtschiff, das uns gegenüber an der anderen Seite der Mole festgemacht und wohl noch ein bisschen Zeit bis zum Ablegen hat. Auch dort drüben haben sich viele Reisende an der Reling versammelt, offenbar, um unserer Abfahrt zuzusehen.
„Beeilt euch, sonst nehmen sie euch nicht mehr mit! Und bei uns ist kein Platz mehr!"
Gelächter brandet drüben auf, als die beiden verwirrt zu ihrem Publikum aufschauen.
„Mal ein bisschen hurtig!", nimmt einer unserer Mitreisenden das Thema lautstark auf, und auch von der Brücke donnert eine neue Lautsprecherdurchsage über den Kai: „Wir freuen uns, dass jetzt auch Mr. und Mrs. Hopkins wieder bei uns sind. Wenn wir die beiden bitten dürften, sich zügig an Bord zu begeben, damit wir ablegen können?"
„Hipp, hipp, hurra!", schreit es vom Nachbarschiff.
Pfiffe ertönen, es wird gejohlt und auf Teufel komm raus gewunken. Die Blitze von Fotoapparaten zucken über den Kai. Applaus braust auf, der auch auf unserem Schiff übernommen wird. Die Schiffssirene brüllt erneut.
Das Ehepaar Hopkins steht mitten auf der Mole, inmitten des Aufruhrs, schaut von unserem Schiff zu dem auf der anderen Seite und wieder zurück, guckt auf die Hafenarbeiter, die an den letzten beiden Leinen bereit stehen, blinzelt zum Offizier, der an der bereits halb demontierten Gangway ungeduldig winkt. Beide wechseln einen kurzen Blick, setzen ihre Einkäufe ab, wenden sich unserem Schiff zu und ziehen ihre Hüte. Sie breiten mit großer Geste die Arme aus – und verbeugen sich tief.
Zuerst zu unserem Schiff, dann zum Nachbarschiff, zu guter Letzt zu den Hafenarbeitern, die die Szene mit offenem Mund bestaunen.
Nach einer Sekunde sprachloser Stille donnert wieder Applaus über den Pier, von beiden Schiffen gleichzeitig, viel, viel stärker als

vorher. Wieder dröhnt die Schiffssirene und erhält diesmal Antwort vom Schiff gegenüber, auf dessen Brücke man sich offensichtlich ebenfalls prächtig amüsiert.
Beide Hopkins ´ baden förmlich in den Ovationen. Sie schwenken ihre Hüte, werfen fröhlich Kusshände nach allen Seiten und verbeugen sich erneut, bevor sie sich schließlich mitsamt ihren Einkäufen sichtlich widerwillig, aber ausgesprochen würdevoll zur Gangway begeben und sich dort vom verantwortlichen Offizier an Bord helfen lassen.

Schließlich ebbt der Applaus ab. Die Gangwaypforte wird geschlossen. Das Bugstrahlruder drückt unser Schiff in einem Strudel schmutzig-braunen Hafenwassers vom Kai weg.
„Wow", bemerkt meine Frau schließlich beeindruckt, während die letzten, triefend nassen Leinen eingeholt werden und sich der Streifen Wasser zwischen der Bordwand und der Mole immer weiter verbreitert, „eigentlich ist es ziemlich blöd von den beiden, das Schiff um ein Haar zu verpassen, aber eines muss man den beiden lassen: Sie hatten einen wirklich starken Auftritt!"

Aufstieg

Wir stehen am Hafen von Thira, der größten Insel der Santorin-Inselgruppe. Wir bedeutet: Meine Frau, unser 12-jähriger Sohn und ich.
Die Sonne scheint golden vom Himmel. Das Wasser in der Caldera von Santorin schimmert dunkelblau. Draußen auf der Reede schießen die Fenster unseres Schiffs grelle Lanzen von reflektiertem Sonnenlicht zu uns herüber.
Eine herrliche Szenerie.
Getoppt eigentlich nur noch durch die Minuten, als unser Schiff vorhin in die Caldera einlief. Wir waren gerade in unserer Kabine, um uns auf den Landgang vorzubereiten, als meine Frau auf einmal entzückt: „Schaut nur! Schaut mal nach draußen!" rief und auf unser Fenster deutete. Dort draußen begleitete eine Schule von Delfinen unser Schiff. Knapp ein Dutzend Meeressäuger, die in elegant-verspielten Sprüngen in der Bugwelle unseres Schiffes mitschwammen, manchmal nur Zentimeter vom Stahl der Außenhülle entfernt, und bei jedem Sprung Kaskaden von Wasserjuwelen aufwirbelten.
Ein wirklich unvergesslicher Anblick···

„Das soll ein Hafen sein?", unterbricht mein Sohn meinen Gedankengang. „Ein bisschen klein, oder?"
Die Frage klingt ausgesprochen kritisch.
Nicht ganz zu Unrecht.
Der Hafen umfasst tatsächlich nicht mehr als ein winziges Becken, in dem einige Fischerboote an ihren Festmachern schaukeln, und einen kleinen Pier, der vom Tenderboot, das uns vom Schiff herüberbrachte, fast komplett eingenommen wird. Ein Miniaturhafen gewissermaßen.
Ich nicke: „Macht doch nichts. Wir wollen ja auch nicht den Hafen, sondern die Stadt ansehen."
„Und wo ist die?", fragt mein Sohn zweifelnd und schaut sich fragend um.
„Dort", antworte ich und zeige nach oben. Thira wartet nämlich mit einer fast dreihundert Meter hohen Steilwand auf, auf der die Stadt gebaut wurde.
„Dort müssen wir hinauf!"
„Ach herrje!", meint meine Frau. „Doch nicht etwa zu Fuß?"
„Du kannst", erkläre ich ihr, „aber da es nur eine Straße gibt, die sich die Fußgänger mit einer Horde von Eseln teilen müssen, würde ich das nicht empfehlen. Nein, wir haben die Wahl zwischen der Seilbahn und einem Ritt auf einem Esel. Ich plädiere für die Seilbahn."
Meine Frau und mein Sohn nicht.
Seilbahn?
Wie langweilig!
Nein, wir reiten auf den Eseln.
Ist ja noch nicht mal teurer als die Bahn.

Na gut, wenn es sein muss…
Wir begeben uns zum Eselsverleiher, der uns ohne Zögern drei Esel bereitstellt. Zuerst steigt mein Sohn auf, dann meine Frau, und zum Schluss schwinge ich mich in den Sattel des Grautiers, das sich sofort und ohne Zögern in Gang setzt, kaum dass ich Platz genommen habe.
„Hey! Mein Wechselgeld!", rufe ich dem Eselsverleiher noch zu, sehe aber nur noch, wie er meinen Geldschein, ebenfalls ohne Zögern, einsteckt, bevor mein Esel mit mir die erste Kurve der Serpentinen nimmt.
Ich will nach den Zügeln greifen, um mein Tier anzuhalten, um zu wenden, um den Verleiher zur Rede zu stellen… aber leider

verfügt mein Esel nicht über Steuerungseinrichtungen irgendwelcher Art, von einer Bremse ganz zu schweigen. Ich bin also genau genommen kein Reiter, sondern Fracht.
Darauf angewiesen, einfach zu warten, wohin mich mein Transportmittel bringt.
Ohne jeglichen Einfluss.
In Zukunft werde ich bei solchen Gelegenheit den Preis nur noch passend und abgezählt bereit halten, das merke ich mir.
Nennt man im wahrsten Sinne des Wortes „Lehrgeld zahlen".

Ich spähe nach vorne. Mein Sohn auf seinem Esel biegt bereits um die nächste Ecke. Der Esel meiner Frau trottet ruhig die steile Straße hinauf.
Allerdings scheint es sich bei ihrem Tier um einen direkten Konkurrenten meines eigenen Esels zu handeln: Als mein Esel ihn nämlich sieht, beschleunigt er spürbar seinen Schritt, und mir bleibt nichts anderes übrig, als mich krampfhaft am Sattelknopf festzuhalten, um nicht abgeworfen zu werden. Meine Frau winkt mir fröhlich zu, als ich sie überhole, und zückt sogar ihren Fotoapparat. Ich höre hinter mir den Verschluss der Kamera klicken.
„Ein Esel mit zwei Hintern!", ruft sie mir nach. „Das musste ich jetzt einfach fotografieren!"
Ha, ha, wie komisch.
Aber nicht nur ich bin gekränkt.
Mein Esel ist es auch.
Er bleibt stehen.
Unter solchen miesen Umständen arbeitet er nicht.
Basta.
Wieder klickt die Kamera, als meine Frau souverän an mir vorbei reitet und um die nächste Biegung verschwindet.
Und nun?
Offenbar habe ich ein ziemlich boshaftes Tier erwischt, schon beim Aufsteigen ist mir so ein hinterhältiges Glitzern in seinen Augen aufgefallen. Wenn ich jetzt absteige, geht er mir durch, da bin ich mir sicher. Und wenn ich einfach sitzen bleibe, werden wir hier noch stehen, wenn der jüngste Tag anbricht.
Ich entschließe, entschieden und selbstbewusst aufzutreten und dem Esel zu zeigen, wer hier Koch ist und wer Kellner. Ich schnalze laut mit der Zunge, schreie: „Hüh!" und stoße ihm – nicht allzu heftig natürlich – meine Hacken in die Flanken.
Es wirkt.
Gehorsam setzt er sich wieder in Bewegung.

Na also.
Ich gratuliere mir zu meinem bestimmten Vorgehen.
Ist ja gar nicht so schwer, einen Esel zu…
Hey!
Was ist denn jetzt los?
Der Esel ändert den Kurs.
Er geht jetzt nicht mehr in der Mitte der schmalen Straße, sondern hält auf den Rand zu. Den hangseitigen Rand natürlich. Dort gibt es eine kleine Begrenzungsmauer, vielleicht einen Meter hoch, und dahinter geht es steil nach unten.
Steil und tief.
Fünfzehn, zwanzig Meter bis zu einer der bereits zurückgelegten Kurven der Straße.
Angsterfüllt beobachte ich, wie sich der Esel immer näher an die Begrenzungsmauer drückt, bis mein linkes Bein am rauen Verputz der Mauer entlang geschleift wird.
Er will mich abstreifen!
Mich über die Mauer nach unten befördern!
So ein hinterhältiges Tier!
Aber nicht mit mir!
„Hörst du damit auf!", brülle ich lauthals und ernte verwunderte Blicke von anderen Touristen, die auf ihren offenbar gut erzogenen Eseln vorbei reiten.
Egal.
Hier geht es ums nackte Überleben.
„Hör auf!", brülle ich nochmals und versetze dem Esel einen Klaps mit der flachen Hand zwischen seine langen Ohren.
Einen ordentlichen Klaps diesmal.
„Zurück auf die Straße!"
Ich unterstreiche die Anweisung, indem ich mangels Zügel seine dünne Mähne packe und seinen Kopf wieder in Richtung der Straßenmitte zwinge. Widerwillig folgt er schließlich meiner Anweisung und verlässt die Nähe zum Abgrund, nicht allerdings, ohne mich kräftig ins rechte Bein zu beißen, was ihm aber noch einen Knuffer einträgt. Wie gut, dass ich eine dicke, starke Jeanshose angezogen habe und nicht nur eine kurze Hose trage wie so viele andere Touristen.
„Lass das! Und jetzt marsch!"

Schließlich kommen mein Esel und ich zu guter Letzt in der Stadt an. Ich steige ab, völlig durchgeschwitzt, verkrampft, aber froh, dass ich noch am Leben bin. Vorsichtig achte ich darauf, Arme, Bei-

ne und sonstige Körperteile aus der Reichweite des Mauls meines Esels zu halten.
„Wo bleibst du denn?", fragt mich meine Frau, die mit unserem Sohn bereits ungeduldig wartet. „Was hat dich denn aufgehalten?"
„Ich hatte mit meinem Esel··· äh··· kleinere Differenzen", erkläre ich ihr. „Und bevor du fragst: Nein, zurück nehmen wir keine Esel mehr. Auf keinen Fall. Zurück nehmen wir die Seilbahn!"

Nicht gut genug

Meine Frau und ich stehen in einer langen Schlange – und amüsieren uns.
Normalerweise hasse ich lange Schlangen, und gerade die Schlangen, die jedes Mal durch die Sicherheitskontrollen bei der Rückkehr an Bord entstehen, hasse ich doppelt. Die umfangreichen Kontrollen, die wir immer wieder über uns ergehen lassen müssen, wenn wir von einem Landausflug zurückkehren, ärgern mich jedes Mal. Sie sind nicht nur lästig, sie sind in meinen Augen eigentlich eine Beleidigung des Gastes, unterstellt man ihm doch, ein potentieller Terrorist zu sein.
Auf dem Schiff, mit dem wir gerade fahren, sind die Kontrollen besonders scharf. Es ist ein amerikanisches Schiff, und Amerikaner sind in Sachen Sicherheit besonders empfindlich.
Allerdings erhält dieser Grundsatz, das merkten wir bereits nach wenigen Landgängen, hier an Bord einen völlig neuen Akzent: Hier wird der zurückkehrende Gast nämlich im Namen der Sicherheit in erster Linie nach schlechtem, bösem Alkohol durchsucht, den an Bord zu bringen natürlich strengstens verboten ist.
Wobei sich verbotener, böser Alkohol vom erlaubten, guten Alkohol nur in einem einzigen Punkt unterscheidet: Der böse wurde an Land und nicht an Bord gekauft und spülte daher keine Einnahmen in die Kasse der Reederei. Die Jagd der Reederei geht sogar soweit, dass man uns vor einigen Tagen eine einsame Flasche Toskana-Wein, die wir während eines Reederei-Ausflugs auf einem von der Reederei empfohlen Weingut kauften, bei der Rückkehr abknöpfte.
„Die schützen hier nicht uns, sondern nur den Bordumsatz!", kommentierte meine Frau erbost und traf damit wie immer den Nagel auf den Kopf.
Allerdings berücksichtigt die Reederei bei dieser Jagd auf illegale Alkoholika offenbar eines nicht: Die Amerikaner hatten schon

einmal ein landesweites Alkoholverbot, „Prohibition" genannt. Das liegt zwar fast hundert Jahre zurück, aber die damals erworbenen Schmuggeltechniken überlebten wohl im kollektiven Gedächtnis. Zumindest schmuggeln sie, was das Zeug hält.
Ich hege mittlerweile sogar den Verdacht, dass sogar die Abstinenzler versuchen, alkoholische Getränke an Bord zu bringen. Einfach aus Prinzip.

So auch heute.
Interessiert beobachten wir, wie ein allein reisender Herr am Kopf der Warteschlange ächzend seine Tasche auf das Förderband wuchtet, das sie in den dunklen Schlund des Röntgengeräts befördert.
„Mindestens drei Flaschen!", wispert mir meine Frau zu.
Als die Tasche wieder erscheint, wird sie sofort von einem Sicherheitsmitarbeiter geöffnet – und es kommen drei Flaschen Wein zum Vorschein, die man aber sofort in einen dafür bereitstehenden Rollcontainer verfrachtet.
„Schwacher Versuch!", kommentiert meine Frau abfällig. „Dass die auffallen würden, war doch von vorne herein klar."

Als nächstes an der Reihe ist ein mittelaltes Ehepaar, bei dem der Zöllner – pardon, die Security – eine Plastikflasche mit einer klaren Flüssigkeit entdeckt. Das Etikett weist die Flasche als Wasserflasche aus, von der Sorte, die hier an Bord verkauft wird.
„Wasser. Haben wir an Land nicht getrunken", erklärt der Herr, und seine Frau nickt eifrig.
Allerdings haben beide nicht mit dem Misstrauen des Kontrolleurs gerechnet, dem natürlich sofort auffällt, dass das Plastiksiegel der Flasche verletzt ist. Er dreht den Verschluss ab, riecht daran, und erläutert dem Ehepaar dann, dass Grappa nicht an Bord gebracht werden dürfe.
Auch dann nicht, wenn er wie Wasser aussieht.
Die Flasche wandert in den Rollcontainer.
„Alter Trick!", grinst meine Frau. „Kennen die längst!"

Bei einem der nächsten Gäste fiept der Metalldetektor. Der Herr wird zur Seite gewunken und mit einem Handgerät abgetastet, das sofort bei seiner Hosentasche anschlägt.
Eine Tasche mit einer seltsamen Ausbeulung…
Der Sicherheitsbeamte tastet nach dem Inhalt und zieht eine Flasche Campari heraus.

„Wow, ist der Detektor empfindlich!", staunt meine Frau. „Das einzige Metall an der Flasche ist doch der Schraubverschluss. Du, die meinen es tatsächlich ernst!"
Ich nicke betroffen.
Sieht wirklich so aus.

Wieder rücken wir einige Schritte vor. Direkt vor uns kommt jetzt ein junges Paar mit einem Kleinkind in einem Buggy an die Reihe. Der Buggy passt nicht ins Röntgengerät und wird daher von Hand durchsucht.
„Die haben garantiert nichts", vermute ich, aber meine Frau wiegt zweifelnd den Kopf. Tatsächlich: Nach kürzester Zeit kramt der Sicherheitsmann eine Dose mit Bier zwischen den Windeln im Frachtabteil des Buggy hervor und deponiert sie umgehend bei der anderen bereits sichergestellten Konterbande. Der junge Mann zuckt gleichgültig die Schultern, schiebt den Buggy an und will sich dem Aufzug zuwenden, als er nochmals angehalten wird.
„Der hat das aber viel zu leicht genommen?", grübelt meine Frau. „Der hat doch garantiert irgendwo noch was?"
Der Kontrolleur deutet auf die Trinkflasche, die das Kind in der Hand hält.
„Nur Orangensaft für den Kleinen!", versichert die junge Mutter, wirkt aber dabei nervös.
Sie wird doch nicht…
Ich stoße meine Frau an.
„Du, die haben was in die Nuckelflasche des Jungen gefüllt!", weise ich sie auf die Szene hin, und, in der Tat, kaum habe ich es ausgesprochen, schon werden die jungen Eltern belehrt, dass Orangensaft der Gesundheit des Kindes zwar förderlich sei, nicht aber der darin enthaltene Wodka. Der Junge fängt an zu brüllen, als seine Flasche in den Rollcontainer wandert.
Mein Mitgefühl hat er.
Gefiele mir auch nicht, wenn man mir meinen Wodka-Orange so einfach mir nichts, dir nichts wegnehmen würde.
„Das war jetzt ziemlich raffiniert!", nickt meine Frau anerkennend, während die junge Familie enttäuscht abzieht. „Den Sicherheitsdienst mit einem billigen Bier ablenken und den teuren Stoff in der Babyflasche einfach offen mitzunehmen, das hatte was. Hätte fast geklappt."

So, nun sind wir an der Reihe.
Der Metalldetektor meldet keinen Befund. Aus unserer Tasche

zieht der Sicherheitsbeamte zwar triumphierend eine große Plastikflasche, aber sie enthält tatsächlich nur Wasser.
Klares, reines Wasser.
Wasser, das noch nicht mal Kohlensäure enthält, von Alkohol ganz zu schweigen.
Als der Sicherheitsbeamte eine enttäuschte Miene zieht, biete ich ihm höflich an, gerne hier solange zu warten, bis die Flüssigkeit zur Zerstreuung aller Zweifel im Schiffslabor analysiert wurde, aber er verzichtet.
Eigentlich schade…

Auf der Kabine lässt sich meine Frau auf ihr Bett sinken.
„Die Amerikaner schmuggeln wirklich wie verrückt", sagt sie grinsend und wird dann nachdenklich.
„Die Sicherheitsleute kennen aber jeden Trick", fährt sie fort. „Keiner ist durchgekommen. Die sind wirklich gut."
Ich zwinkere ihr zu, während ich die Reißverschlüsse meines Windbreakers öffne und aus jeder der beiden Taschen ein Fläschchen Wein ziehe.
Nur kleine 0,2-Liter-Flaschen, damit sie nicht auffallen.
Mit Korken, damit der Metalldetektor nicht darauf reagiert.
Ich werfe einen kurzen Blick aufs Etikett. Eigentlich, das muss ich zugeben, mag ich diesen Wein gar nicht. Vielleicht schenke ich ihn später unserer patenten Kabinenstewardess.
Nein, hier geht es um nichts anderes als die sportliche Herausforderung.
„Gut?", frage ich meine Frau. Ich kann dabei eine gewisse Überheblichkeit in meiner Stimme nicht unterdrücken.
„Gut vielleicht. Aber nicht gut genug…"

Niemandsland

Meine Frau und ich betreten den großen Speisesaal unseres Schiffes. Es ist Nachmittag, und durch die großen Fenster wirft die Sonne warmes, heimeliges Licht in den eleganten Saal. Durch die hohen Fenster im Heck kann man das weiße Kielwasser sehen, das sich in der dunkelblauen See scheinbar bis an den Horizont erstreckt.
Schön.
Dass wir den Speisesaal am Nachmittag aufsuchen, liegt an einem besonderen Umstand: Nämlich, dass heute ein Seetag ist.

Ein Tag also, an dem wir keinen Hafen anlaufen, sondern den wir ausschließlich auf See verbringen.
Und für Seetage hat uns unsere Reederei hier im Speisesaal eine echte „Indonesische Teezeremonie" versprochen, was sicherlich damit zusammenhängt, dass die meisten Besatzungsmitglieder aus Indonesien stammen.
Klingt gut, finde ich.
Mal was Exotisches.
Wollen wir auf keinen Fall versäumen.
Wo wir doch ohnehin gerne einen guten Tee trinken…

Ein indonesischer Steward in indonesischer Tracht weist uns einen kleinen Tisch in der Mitte des Saals an, der bereits hübsch, wenngleich nicht sonderlich indonesisch eingedeckt ist. An beiden Enden des Speisesaals sehe ich weiteres Personal, das sich mit silbernen Teekannen und Servierwagen voller Kuchen, Petit Fours und Sandwiches bereit hält.
Lecker, lecker.
Da muss ich aufpassen, nicht zu viel zu futtern, um mir nicht den Appetit fürs Dinner zu verderben…

Pünktlich wie angekündigt beginnt die indonesische Teezeremonie – die aber meine Frau prompt enttäuscht.
„Wo bleibt denn die Zeremonie?", mault sie, während sie die Stewards beobachtet, die die ersten Tische bedienen und sich langsam von beiden Enden des Speisesaals zur Mitte und damit zu unserem Standort vorarbeiten. „Einen Teebeutel in eine Tasse zu werfen und mit heißem Wasser zu überbrühen, ist nun wirklich nicht sonderlich zeremoniell!"
Wo sie Recht hat, hat sie Recht, muss ich mir im Stillen eingestehen. Besonders exotisch ist das Ganze wirklich nicht. Trotzdem zucke ich die Schultern.
„Leg doch nicht jedes Wort auf die Goldwaage!", ermahne ich sie. „Ein gepflegter Nachmittagstee ist doch nett, egal wie man ihn nennt."

Der Steward vom vorderen Ende des Speisesaals erreicht unseren Nachbartisch, versorgt dort unsere Mitreisenden mit Tee – und wendet sich ab.
„Moment!", rufe ich ihn an, leise natürlich, schließlich will man ja die Mitreisenden und das Zeremoniell nicht stören. „Könnten wir auch eine Tasse Tee haben?"

Der Steward guckt uns kurz an und weist dann auf die Kollegen, die von achtern her bedienen: „Nur einen Augenblick, Sir, für Ihren Tisch ist die andere Gruppe zuständig."
Also gut.
Unzuständigkeit ist ein Argument.
Kann ich gerade als Beamter gut verstehen.
Zumal auch der andere Steward mittlerweile den Nachbartisch, den achtern von uns gelegenen, erreicht hat. Er gießt dort Tee ein, lächelt die Gäste höflich an – und wendet sich ebenfalls ab.
Diesmal erinnert ihn meine Frau an unsere Anwesenheit, erhält aber die gleiche Antwort wie ich. Für unseren Tisch sei die andere Gruppe von Stewards zuständig, die mittlerweile damit begonnen hat, die leckeren Sandwiches – mir läuft allein beim Anblick das Wasser im Mund zusammen – zu servieren.
„Oh, kommen Sie!", meint meine Frau und wirkt etwas ungehalten. „Zwei Teebeutel und zwei Tassen heißes Wasser sollten doch nun wirklich kein großes Problem darstellen, oder?"
Der Steward nickt höflich, ringt sich ein Lächeln ab und versorgt uns mit dem gewünschten Heißgetränk.
Na bitte.
Geht doch.

Nach einigen Minuten erreicht der Wagen mit den Petit Fours den Tisch vor uns, und ich überlege schon, was ich nehmen soll, aber leider wiederholt sich das Spiel von vorhin: Nein, wir bekommen nichts.
Unzuständig.
Bitte an den Kollegen von achtern wenden.
Nur dass der Kollege von achtern jetzt verschnupft ist und uns gefliessentlich übersieht.
Genau wie ab sofort der Steward von vorne.
Nun sitzen wir da, mit unserer ergaunerten Tasse Tee, und meine Befürchtungen, mir den Appetit zu verderben, lösen sich in begehrliche Blicke zu den kulinarischen Köstlichkeiten auf, die so nahe und trotzdem unerreichbar immer wieder an uns vorbei getragen werden und die unsere Mitreisenden an den umliegenden Tischen mit sichtlichem Genuss verdrücken.
„So ein Mist!", schimpfe ich, meiner Frau zugewandt. „Wir sind im Niemandsland gestrandet. Bloß gut, dass wir diesen Tisch nicht zum Dinner haben. Wir müssten glatt verhungern."
Sie nippt an ihrem Tee, den sie offenbar in der Erkenntnis, dass wir keine zweite Tasse erhalten werden, schön einteilt.

„Weißt du was?", fragt sie mich nach einigen Sekunden nachdenklichen Schweigens. „Ich glaube, ich werde zu Hause eine indonesische Dinnerzeremonie einführen."
„Und die geht wie?", frage ich misstrauisch.
„Ich koche einmal Abendessen", antwortet sie, „und dann ziehe ich einfach jeden Abend einen Sari an. Und trage das Essen jeden Abend ein paar Mal an dir vorbei···"

Hinter den Kulissen

Ich stehe an der Rezeption unseres Schiffes. Meine Frau und ich haben nämlich beschlossen, morgen an einer Tour mit dem Namen „Hinter den Kulissen" teilzunehmen, und ich will uns jetzt dafür anmelden.

Eigentlich ist es aus Sicherheitsgründen ja strengstens verboten, die Passagierbereiche eines Kreuzfahrtschiffes zu verlassen. Allein die Bitte, die Küche, die Brücke oder gar den Maschinenraum besichtigen zu dürfen, führte bisher bei den Verantwortlichen normalerweise zu einem Herzanfall.
Besonders auf einem amerikanischem Schiff.
Eigentlich.
Diese spezielle Gesellschaft kann sich allerdings unter größter Kraftanstrengung vorstellen, ihre Sicherheitsbedenken im einen oder anderen Ausnahmefall zu überwinden.
Gegen eine saftige Gebühr, natürlich.
Streng limitiert, versteht sich.
Limitiert vermutlich auf genau die Anzahl von Teilnehmern, die die saftige Gebühr zu zahlen bereit sind···

Jedenfalls habe ich der netten Gästebetreuerin gerade mitgeteilt, dass wir zu diesem erlesenen Kreis von Kreuzfahrern gehören möchten. Und sie hat mich nach einem Moment der Überraschung um etwas Geduld gebeten. Diese Tour sei nämlich nicht im Computer gespeichert, und sie müsse erst die Formulare besorgen.
Ich nicke.
Selbstverständlich habe ich Geduld.
Schließlich bin ich im Urlaub und nicht auf der Flucht, oder?
So lehne ich am Tresen der Gästebetreuung und verfolge amüsiert durch die Milchglasscheiben, die den Tresen vom Büro trennen,

welchen Aufruhr ich in der Zahlmeisterei ausgelöst habe. Nicht weniger als vier Mitarbeiter wirbeln dort schemenhaft herum und versuchen offenbar verzweifelt, die Unterlagen für diese wohl wenig nachgefragt Tour zusammenzutragen.
Schließlich, nach einigen Minuten, erscheint die nette Dame wieder mit einem Packen Papier in den Händen.
Einem ziemlich dicken Packen.
„Sehr vernünftig", denke ich mir, „sie legt sich gleich einige Exemplare zurecht, falls noch jemand Interesse zeigt!"
Allerdings irre ich mit dieser Annahme geringfügig.
Die Gästebetreuerin knallt mir die Hälfte des Papierstapels auf den Tresen und wischt sich den Schweiß von der Stirn.
„Das müssen Sie bitte ausfüllen", sagt sie mir mit freundlichem Lächeln. „Ist aber leider alles auf Englisch!"
„Das alles?", frage ich irritiert.
„Oh, mein Fehler!", entgegnet sie und wuchtet auch den zweiten Stapel auf die Theke. „Für Ihre Frau natürlich auch!"

Na gut.
Ich seufze.
Aber da hilft nichts – schließlich wollen wir ja einen gründlichen Blick hinter die Kulissen werfen.
Also ran an den Feind.
Ich mache mich an die erste Seite.
Dort fragt man nach meinem Namen und meiner Kabinennummer.
Kein Problem.
Ich lege den Fragebogen für meine Frau neben meinen und trage beide Angaben ein.

Die zweite Seite überfliege ich kurz.
Im Kern geht es dort darum, dass ich mein großes Indianer-Ehrenwort gebe, bereits das achtzehnte Lebensjahr vollendet zu haben.
Gerne.
Schließlich liegt dieses wichtige Datum bei mir schon mehr als dreißig Jahre zurück. Ich kreuze „Ja" an und zeichne den Absatz wie gewünscht mit Handzeichen ab.
Bei den Unterlagen meiner Frau verweile ich kurz, schließlich ist das Thema „Alter" bei Frauen ja so eine Sache. Allerdings, das weiß ich sicher, war meine Frau bei unserer Heirat bereits volljährig. Ich gehe jetzt einfach mal ganz verwegen davon aus, dass sie in dem Viertel-Jahrhundert seit unserer Trauung auch nicht jünger wurde.

Nicht wesentlich, zumindest.
Also auch hier ein Kreuzchen und ein Handzeichen.

Den nächsten, ziemlich langen Absatz auf der folgenden Seite lese ich quer – bis ich zur dritten Zeile komme.
Dort springt mich das Wort „Lebensgefahr" förmlich an.
Fett und gesperrt gedruckt.
L E B E N S G E F A H R!
Ich erschrecke.
Worauf, zum Teufel, lasse ich mich da gerade ein?
Da hilft nichts – das muss ich genau lesen.
Nach einer Viertelstunde bin ich etwas enttäuscht. Ich bin jetzt genauestens darüber aufgeklärt, dass ich im Schiff stolpern oder ausrutschen, dass ich über Brüstungen fallen oder gar – Gott bewahre! – mir meine Rübe an niedrigen Türstürzen anstoßen könnte, wenn ich nicht richtig aufpasse.
Erscheint mir insgesamt nun wirklich nicht besonders aufregend. Dass das ganze Leben lebensgefährlich ist, weiß ich schließlich schon länger, immerhin bin ja schon ein paar Jährchen auf diesem Planeten, wie von mir auch bereits in Absatz 1 bestätigt.
Handzeichen, erledigt.

Wieder blättere ich um und versuche, auch den nächsten, diesmal sehr langen Absatz querzulesen.
Ich komme zum Ende – und verstehe kein Wort.
Mein Englisch ist zwar nicht schlecht, aber dafür reicht es nicht.
Ich studiere daher den Absatz Wort für Wort, und eine gute Viertelstunde später verstehe ich – immer noch nichts.
Ich setze zum zweiten Mal an, und dann macht es auf einmal „Klick": Dieser Text ist offenbar von einem Juristen formuliert worden.
Einem erstklassigen Juristen.
Sicher einem mit Harvard-Ausbildung.
Letztendlich besagt der Absatz nämlich, dass ich die Reederei von der Haftung für alle Missgeschicke, die mir möglicherweise vor, während und nach der Besichtigungstour widerfahren, von jetzt an bis in alle Ewigkeit befreie.
Finde ich eigentlich nur fair, nachdem man mich ja schon umfassend auf die erheblichen Risiken meines Vorhabens hingewiesen hat.
Zwar machen mir die letzten Sätze ein klein wenig Kopfzerbrechen, denn irgendwie kann ich mich des Eindrucks nicht erweh-

ren, dass ich damit der Reederei wahrscheinlich meinen gesamten weltlichen Besitz übereigne, aber jetzt heißt es Augen zu und durch.
Ich setze mein Handzeichen und atme auf.

Bis zum nächsten Absatz.
Er ist mit „Körperlicher Fitness" überschieben.
Oh, oh.
Ich bin zwar nicht krank, aber hinsichtlich des Themas „Fitness" halte ich es mit Winston Churchill, der ja bekanntlich das geflügelte Wort „No sports!" prägte.
Was, zum Teufel, erwartet man denn von mir in Sachen körperlicher Leistungsfähigkeit während einer Schiffsbesichtigung?
Unvermittelt fällt mir der Film „Die Höllenfahrt der Poseidon" ein.
Muss ich vielleicht durch geflutete Bereiche des Schiffes tauchen?
Mich über brennende Öltanks hangeln?
Oder mich am Ende möglicherweise nützlich machen, indem ich rudere, um die Maschinen zu entlasten und Treibstoff zu sparen?
Zutiefst beunruhigt mache ich mich ans Studium der Einzelheiten – und atme letztendlich wieder auf.
Nein, ich muss lediglich in der Lage sein, steile und enge Treppen zu bewältigen und ohne fremde Hilfe zu gehen und zu stehen.
Na, das kann ich doch.
So gerade noch.
Meine Frau auch.
Behaupte ich einfach mal so.
Handzeichen, fertig.

Die nächste Seite ist überschrieben mit „Alkohol und illegale Drogen".
Ich werfe einen kritisch-nachdenklichen Blick auf die Mitarbeiterin der Zahlmeisterei, die mir geduldig bei der Beantwortung der Fragen zusieht.
Wie, bitte, soll ich das verstehen?
Kann ich möglicherweise die Besichtigung nur dann richtig genießen, wenn ich betrunken und stoned bin?
Nun, das Kleingedruckte gibt sicherlich Aufschluss.
Nach weniger als zehn Minuten bin ich informiert, dass ich mit meinem Verdacht völlig danebenlag: Wir dürfen nämlich den Passagierbereich nur in absolut nüchternem Zustand verlassen.
A B S O L U T N Ü C H T E R N!
Wieso eigentlich?

Wieder gerate ich ins Grübeln.
Erwartet man von mir, dass ich im Notfall, falls Außerirdische die Besatzung entführen, während ich im Maschinenraum weile, die Führung des Schiffes übernehme?
Hinsichtlich der illegalen Drogen habe ich ja auch keinerlei Probleme, aber was den Alkohol angeht, muss ich erst mal genau kalkulieren: Wenn ich heute zum Dinner ein Glas Wein trinke, bin ich dann am nächsten Morgen ausreichend ausgenüchtert, um das Schiff fahren zu können?
Ich nicke für mich: Ja.
Zumindest wird sich der Restalkohol nicht nachweisen lassen.
Gut, ein weiteres Handzeichen, weiter geht es.

Der letzte Abschnitt trägt den Titel „Verschiedenes" und ist in einige Unterabsätze mit bohrenden Fragen aufgeteilt.
Bin ich geisteskrank?
Nein, nicht dass ich wüsste.
Vorbestraft?
Hm. Ich habe mal vor einigen Jahren eine rote Ampel übersehen und prompt drei Punkte in Flensburg kassiert, aber irgendwie glaube ich nicht, dass das hier interessiert.
Nein.
Besitze ich Sprengstoff?
Na ja, zugegeben, könnte ich sicher mit ein klein wenig Anstrengung aus den Kosmetikartikeln meiner Frau herstellen, aber solange ich das nicht tatsächlich tue: Nein.
Bin ich Mitglied von Al Kaida oder habe ich Kontakt mit ihren Mitgliedern?
Ich will „Nein" ankreuzen, zögere aber. Ich hielt mich zwar noch nie in einem Terrorcamp auf und habe eine solche Urlaubsaktivität eigentlich auch nicht vor, aber ich habe mal einen Krimi geschrieben, in dem der Antagonist ein Al-Kaida-Kämpfer war. Und der versenkte in meinem Roman auch noch ein Kreuzfahrtschiff.
Oh, Mist.
Wenn das rauskommt…
Dann ist es nicht nur aus mit dem Blick hinter die Kulissen.
Viel schlimmer noch: Die setzen mich glatt im nächsten Hafen an Land. Oder lassen mich gleich und ohne viel Federlesens über die Planke gehen.
Ich ziehe mein Taschentuch aus der Tasche und tupfe mir den Schweiß ab. Jetzt ist guter Rat teuer.
Zu guter Letzt entscheide ich mich verwegen, die Al-Kaida-Frage

mit „Nein“ zu beantworten, schließlich bleibt mir hier auch keine andere Wahl. Vorsichtshalber kehre ich aber noch mal zu der Frage über die eventuelle Geisteskrankheit zurück und ändere dort meine Antwort auf „Ja“. Wer weiß, ob ich nicht doch irgendwann mildernde Umstände brauche…

Gut.
Das war es.
Alle Fragen beantwortet und abgezeichnet.
Ich schiebe beide Fragebögen der Gästebetreuerin zu und erhalte sie zu meinem Schrecken nach einem kurzen Blick zurück. Ach herrje, sicher hat sie mit scharfem Blick meine Schwindelei mit der Geisteskrankheit entdeckt und verlangt jetzt nähere Auskunft. Oder vielleicht schickt sie mich gleich zum Schiffsarzt? Rein vorsichtshalber, natürlich.
Nein, falsch.
Wieder darf ich aufatmen.
Ich habe vergessen, darauf weist sie mich lächelnd hin, am Fuß jeder Seite ein Handzeichen anzubringen, mit dem ich bestätige, die Handzeichen auf den jeweiligen Seiten eigenhändig angebracht zu haben.
Da merkt man halt, dass ich ein juristischer Laie bin.
Schamesrot hole ich das schnell nach.
„Vielen Dank für Ihre Geduld!“, verabschiedet mich die Mitarbeiterin der Zahlmeisterei und übergibt mir die Bestätigung, dass ich und meine Frau für die Besichtigungstour am nächsten Vormittag zugelassen sind.
„Ich habe zu danken!“, erwidere ich höflich und verlasse aufatmend den Tresen.

„Wo hast du denn die ganze Zeit gesteckt?“, fragt mich meine Frau ungehalten, als ich mich erleichtert auf den Platz neben ihr an der Bar sinken lasse. „Ich wollte dich schon ausrufen lassen!“
Ich winke ab.
„Ich war hinter den Kulissen“, erkläre ich ihr und bestelle beim Steward einen Brandy. Den habe ich mir jetzt nämlich verdient.
„Du warst schon in der Küche?“, ruft meine Frau erbost. „Jetzt schon? Ohne mich?“
„Küche? Nein, nein!“, antworte ich ihr. „Ich war nur hinter den Kulissen der amerikanischen Bürokratie.“

Auf die Plätze!

Wir – meine Frau und ich – sitzen im Theater unseres Schiffes. Es ist früh am Abend. Unser Dinner haben wir bereits eingenommen, und nun freuen wir uns auf die Abendunterhaltung.
Kreuzfahrt-Routine eben.
In ihrer angenehmsten Form.

Wir besuchten im Laufe der letzten Jahre schon etliche Schiffstheater.
Einige von ihnen kleine, schlecht eingerichtete Lounges, die nicht mal über eine richtige Bühne verfügten und in denen für die Vorstellungen nur eine schmale Tanzfläche zur Verfügung stand, auf der kaum ein Dorfensemble auftreten würde.
Andere dagegen riesige Showtheater, für vierstellige Zuschauerzahlen gebaut, mit dem letzten Schrei der Technik ausgestattet. Genau das also, wonach sich so mancher Großstadtbürgermeister alle zehn Finger lecken würde.
Das Theater auf diesem Schiff liegt so irgendwo dazwischen: Nicht wirklich groß.
Allerdings auch nicht ausgesprochen klein.
Ungefähr sechshundert rot-samtene Sitzplätze.
Zwei Decks hoch, mit einem Parkett auf dem unteren Deck und einem geschwungenen Balkon darüber.
Maritimer Durchschnitt, wenn man so will.
Allerdings hat dieses Theater, das merkten wir schon sehr früh zu Beginn unserer Kreuzfahrt, eine kleine Besonderheit. Wo sich sonst nämlich die Schiffsarchitekten die größte Mühe geben, möglichst alle Plätze mit gleichem Komfort und gleicher Sicht auf die Bühne auszustatten, verfügt dieses Theater über eine erstaunlich große Bandbreite von verschiedenen Sitzgelegenheiten: Es gibt verschiedene Stühle, manche sogar mit Tischchen, lange Reihen mit Klappsesseln, Sofas und oben auf dem Balkon sogar eine kleine Tribüne.
Einige dieser Sitzgelegenheiten sind sehr bequeme Plätze mit bester Sicht, einige unbequeme mit fast keiner. Und es gibt so ziemlich alle denkbaren Varianten dazwischen.
Von den besten Plätzen welche zu bekommen, ist allerdings fast unmöglich. Unter unseren Mitreisenden befinden sich nämlich einige ganz Ausgeschlafene, die nicht selten bereits eine geschlagene Stunde vor Vorstellungsbeginn anrücken. Deswegen haben meine Frau und ich Plätze auf einem großen Sofa gefunden und

jetzt eingenommen, die einen Kompromiss darstellen: Dort hat man zwar nur Blick auf ungefähr die Hälfte der Bühne, aber auch ordentlich Beinfreiheit, zumindest während der Vorstellung, wenn nicht ständig jemand an uns vorbeitrampelt.

„Gleich geht's los!", meint meine Frau auf einmal unvermittelt.
Ich blicke auf die Uhr.
„Nein, es dauert noch gut zehn Minuten", informiere ich sie sachlich.
Sie schaut mich erstaunt an.
„Zehn Minuten? Ach so – nein, ich meinte nicht die Vorstellung."
Verstehe ich nicht.
„Nicht die Vorstellung? Was dann?"
„Das da!"
Meine Frau deutet in die Mitte des Saals.
Zuerst verstehe ich immer noch nicht, aber als ich ihrem Hinweis mit den Augen folge, fällt der Groschen.
Ah ja.
Sie meint die allabendliche „Reise nach Jerusalem"···

Dieses possierliche Gesellschaftsspiel ist hier an Bord einer der Unsitten, die sich auch im Tourismus des 21. Jahrhunderts offenbar nicht auszurotten lassen, geschuldet: Der Unsitte der Reservierung.
Den bereits erwähnten ganz ausgeschlafenen Gästen genügt es häufig nämlich nicht, sich einfach den besten Platz herauszusuchen und sich dort hinzusetzen.
Wäre viel zu langweilig.
Sie betrachten es vielmehr als ihre geradezu heilige Pflicht, auch Freunden, Verwandten und Bekannten zu den besten Plätze zu verhelfen und verteilen daher überall im Theater, manchmal auf ganzen Sitzreihen, Broschüren, Taschentücher und allerlei Krimskrams auf den Sitzen, mit dem signalisiert wird, dass diese Sitze bereits besetzt und vergeben sind. Bedauerlicherweise sind diese fürsorglichen Naturen aber erbärmlich schlecht organisiert; die mit der Reservierung Bedachten tauchen nämlich oft gar nicht auf. Dies kommt nach meinen Beobachtungen so häufig vor, dass ich mitunter so meine Zweifel hege, ob sich die Leutchen, für die da reserviert wird, überhaupt an Bord befinden.
Offenbar haben Freunde, Bekannte und Verwandte just an diesem Abend des Öfteren einfach die geringste Lust, das Theater zu besuchen.

Oder die Freunde, Bekannten und Verwandten lehnen es ab, in der Nähe ihres reservierenden Freundes, Bekannten oder Verwandten zu sitzen.
Oder sie haben sich bereits von anderen Freunden, Bekannten und Verwandten einen Platz reservieren lassen und können nun auch beim besten Willen nicht zwei weit auseinander liegende Sitze gleichzeitig einnehmen.
Daher müssen die Reservierer nicht selten kurz vor Beginn der Vorstellung diese Reservierungen aufgeben. Und diese ent-reservierten Plätze sind natürlich für so manchen mit einem schlechteren Platz attraktiv···

Den Eröffnungszug des heutigen Abends macht gerade ein älterer Herr in Reihe 2 in der Mitte. Er steht auf, lässt seinen verärgerten Blick suchend durchs Theater schweifen, zuckt die Schultern – und räumt seinen Krempel von zwei Plätzen links von ihm weg.
Ein mittelaltes Ehepaar in der zehnten Reihe auf der linken Seite sieht dies, steht prompt auf und begibt sich zur zweiten Reihe nach vorne. Es schiebt sich mit gemurmelten Entschuldigungen an den dort sitzenden Gästen vorbei zu den beiden jetzt freien Sitzen und lässt sich mit zufriedenem Gesichtsausdruck nieder.
Der Abend ist gerettet···
Ihre jetzt freien Plätze in Reihe 10 erwecken prompt die Aufmerksamkeit zweier Damen auf dem Balkon. Kann ich sogar verstehen – die Sitzgelegenheiten dort oben, das weiß ich aus eigener, leidvoller Erfahrung, sind ungefähr so bequem wie die Sitzbänke auf einem Sportplatz. Auf dem Weg ins Parkett und zu Reihe 10 wechseln sie allerdings unvermittelt den Kurs, denn just, als sie die Treppe von oben herab schweben, werden in Reihe 3 rechts zwei weitere Plätze von ihrem Wächter freigegeben, und so schwenken sie um und nehmen ganz spontan dort Platz.
Reihe 3 ist ja auch viel netter als Reihe 10, und eine solche Gelegenheit kann man sich nun wirklich nicht entgehen lassen.
Das Nachsehen hat allerdings ein älteres Ehepaar aus Reihe 8 in der Mitte, das die Plätze in Reihe 3 auch im Auge hatte, sich aber zunächst an ihren Mitreisenden zurück in den Gang kämpfen musste und deswegen ein bisschen zu langsam war.
Ja, ja, wer zu spät kommt, den bestraft das Leben.
Und diesmal sogar doppelt.
Denn als sie versuchen, wieder auf ihre ursprünglichen Plätze in Reihe 8 zurückzukehren, finden sie die auch schon wieder besetzt – da haben zwei Herren, die ursprünglich in Reihe 12 saßen, zuge-

schlagen, deren Plätze in Reihe 12 übrigens umgehend, gewissermaßen im Handstreich, von zwei Nachzüglern eingenommen wurden, die das Theater eben erst betraten. Der Gast, der sich sowohl um Reihe 3 als auch um Reihe 8 betrogen sieht, macht auf mich den Eindruck, als wolle er das mit dem neuen Besitzer seines alten Platzes ausdiskutieren, besinnt sich aber eines Besseren, als sich in Reihe 5 ein Herr erhebt und das Theater verlässt. Das Ehepaar schießt daher unverzüglich zu Reihe 5, muss sich aber von der Gattin des Herrn erklären lassen, dass der gar nicht daran denke, seinen Platz aufzugeben, sondern nur kurz zur Toilette wolle.
War für ein Pech.
Und die Zeit drängt: Der Beginn der Vorstellung steht unmittelbar bevor.
Aber: Noch sind die beiden Plätze in Reihe 10 frei, und die sind immerhin besser als Nichts.
„Jetzt wird es spannend!", meint meine Frau aufgeregt und deutet erneut auf den Balkon. Dort haben ganz hinten links gleich zwei Paare gleichzeitig ebenfalls die beiden freien Plätze im Parkett entdeckt.
Drei Paare für zwei Plätze!
Das könnte interessant werden...
Die sechs Kontrahenten messen sich für einen langen, langen Augenblick mit Blicken, die glatt als Massenvernichtungswaffen einzustufen wären, könnten sie töten. Dann hasten die beiden Paare auf dem Balkon gleichzeitig zur Treppe, während das bereits im Parkett befindliche Paar angesichts der offenkundigen Konkurrenz jetzt jegliche Rücksicht hintenanstellt und im Laufschritt zu Reihe 10 links strebt, ohne sich um eventuell im Weg befindliche Füße, Beine, Gehhilfen, Barstewards oder sonstige Hindernisse zu kümmern.
Den Starken gehört die Welt!
„Schneller, schneller!", fiebert meine Frau mit einem der Paare vom Balkon, das jetzt eben die Treppe hinunter stürmt, leise mit. Es sind jüngere Leute, noch kräftig und fit, genau das also, was in diesem Dschungel überleben kann.
„Schneller, ihr packt das!"
Auch mich erfasst jetzt die Erregung, und ich rutsche, ohne es richtig zu merken, an die Kante meines Sofas.
Ohne aufzustehen allerdings.
Schließlich möchte bei diesem Spiel nur zusehen und keinesfalls aktiv teilnehmen···
Die Herrschaften aus dem Parkett haben jetzt Reihe 10 fast er-

reicht, während die Herrschaften vom Balkon den Fuß der Treppe verlassen, sie sind praktisch genauso weit von den Plätzen in Reihe 10 entfernt wie die Konkurrenz. Das dritte Paar trampelt die Stufen hinunter, ist aber chancenlos abgeschlagen.
Oh Mann, oh Mann, das ist ja jetzt ein richtiges Kopf-an-Kopf-Rennen!
Das wird ein Foto-Finish!
Gleich wissen wir es!
Uuuuuund der Sieger ist…

Die Lichter gehen aus.
Ein Spotlight auf der Bühne illuminiert den ersten Sänger des Abends in seinem Glitzer-Smoking.
Die Show beginnt.
Jemand nimmt mit einem Seufzer der Erleichterung, den ich bis hierher hören kann, in Reihe 10 Platz, aber ich kann nicht mehr erkennen, wer es ist. Ich sehe nur noch zwei Schatten, die sich mit hängenden Schultern dem Ausgang zuwenden.
Ja, Verlierer sind einsam in unserer Welt.
„Was für ein Mist!", murrt meine Frau mit unverhohlener Verbitterung in der Stimme. „Wo es doch gerade so spannend war! Diese blöde Vorstellung! Die hätten sie sich wirklich sparen können..."

Exklusiv und kostenfrei

Wir – meine Frau und ich – begeben uns gerade durch das große Atrium unseres Schiffes zum Schiffstheater. Es ist später Nachmittag an einem Seetag. Das bedeutet, dass wir heute gut ausgeschlafen, gut zu Mittag gegessen und uns gut ausgeruht haben. Mit einem Wort, wir hatten einen richtig erholsamen und angenehmen Tag.
Und auf solch einen Tag setzt unsere Reederei heute noch richtig eines drauf: Sie hat uns nämlich zu einer besonderen Party für treue Stammkunden eingeladen.
Exklusiv für treue Stammkunden.
Einer exklusiven Veranstaltung mit einer ganz besonderen Überraschung, wie die Einladung ausdrücklich betonte…

Wie viele andere Unternehmen auch betreibt nämlich unsere Reederei ein Kundenbindungsprogramm, „Reederei-Club" genannt. Als Clubmitglied bekommt man umso mehr Vorteile, je öfter und

je länger man seinen Urlaub auf den Schiffen dieser speziellen Reederei verbringt und je mehr Geld man an Bord ausgibt.
Die Mitgliedschaft im Club und die damit verbundenen Vorteile sind natürlich völlig kostenfrei.
Und wir, wir unternehmen mittlerweile die dritte Reise mit dieser Reederei und haben damit die zweite Stufe im Kundenbindungsprogramm, das heißt, im Club erreicht. Wir wurden, mit anderen Worten, in den erlauchten und exklusiven Kreis der besonders treuen Stammkunden aufgenommen.
Das bedeutet konkret, dass wir heute an einem Empfang beim Kapitän teilnehmen dürfen, zu dem normale Gäste keinen Zutritt haben.
Nur Stammkunden.
Treue Stammkunden wie wir eben.
Exklusiv.
Und völlig kostenfrei.

Im Theater angekommen merken wir, dass der Empfang zwar exklusiv, aber nicht ganz so exklusiv ist wie angekündigt. Ungefähr 1000 der 3000 Passagiere haben sich hier versammelt. Offenbar gibt es sehr viel mehr Mitglieder im Reederei-Club, als wir dachten. Nun ja, unsere Reederei ist ja auch sehr beliebt.
Wir dürfen dem Kapitän kostenfrei die Hand schütteln, ein Privileg, auf das die meisten anderen Passagiere als Nicht-Club-Mitglieder verzichten müssen.
Wir posieren für ein Foto mit ihm, ein Foto, das man uns später – kostenfrei – auf unsere Kabine zuzustellen verspricht.
Man bietet uns netterweise kostenfreien Champagner, kostenfreie Cocktails und kostenfreie Häppchen an, ein exklusives Angebot, von dem wir als treue Stammkunden natürlich gerne kostenfreien Gebrauch machen.
Wir wohnen – kostenfrei, natürlich – der exklusiven Ehrung eines älteren, italienischen Ehepaars teil, das mittlerweile zum 102. Mal mit unserer Reederei reist.
Tatsächlich 102 Mal...
Wahnsinn.
„Soooo oft beim gleichen Anbieter? Ach, wie langweilig!", meint meine Frau, und Mitleid schwingt in ihrer Stimme mit.
Wir hören einem kostenfreien Vortrag unserer Kreuzfahrtdirektorin zu, mit dem sie sich für unsere Treue zur Reederei bedankt, und belohnen sie für ihr exklusives Lob mit kostenfreiem Applaus.
Als er abebbt, kommt der exklusive Höhepunkt: Die versprochene,

ganz besondere Überraschung, die uns, so versichert uns die Kreuzfahrtdirektorin, selbst als treue Stammkunden, die wir ja viel gewohnt sind und viel verlangen dürfen, mit Sicherheit von den Socken hauen wird.
Und zwar völlig kostenfrei von den Socken hauen wird.
Wie auch sonst.
„Jetzt bin ich wirklich gespannt!", wispert mir meine Frau zu.
Ich auch.
Vor allem, weil ich weiß, dass meine Frau nun wirklich nichts so schnell von den Socken haut. Sie ist in dieser Hinsicht wirklich hart im Nehmen. Ziemlich exklusiv, wenn man so will···

In Vorbereitung der Sensation erlöschen die Lichter im Theater. Die leisen Gespräche verstummen. Alle sehen erwartungsvoll zur Leinwand, die sich über der Bühne betont langsam und würdevoll herabsenkt. Das Knistern der Spannung im Raum ist fast mit Händen zu greifen.
Oh Mann, ich halt es nicht mehr aus···
Die Leinwand erhellt sich.
Fanfaren schmettern.
Es offenbart sich··· ein Film.
Einen Film über das neueste Schiff unserer Reederei.
Das erst in einem halben Jahr in Dienst gestellt werden wird.
Das wir aber – als treue Stammkunden – bereits heute buchen können.
Exklusiv.
„Sag bloß, diese Reisen sind für uns kostenfrei?", fragt meine Frau, gleichzeitig verwirrt und hoffnungsfroh, wird aber sofort eines Besseren belehrt.
Natürlich sind sie es nicht.
Im Gegenteil.
Und wie im Gegenteil···
„Weißt du was?", fragt sie mich enttäuscht nach einigen Minuten des exklusiven, kostenfreien Werbefilms. „Ich glaube fast, wir sind auf einer Kaffeefahrt gelandet! Bloß ein bisschen exklusiver."
Exklusiver als eine Kaffeefahrt?
Ich wiege nachdenklich den Kopf und leere mein Champagnerglas.
„Da bin ich mir nicht sicher", antworte ich schließlich und erhebe mich. „Lass uns lieber schnell gehen, bevor sie anfangen, Heizdecken mit dem Reedereilogo zu verkaufen! Exklusiv für treue Stammkunden, versteht sich···"

Aufmunterung

Meine Frau und ich schlendern kurz vor Mitternacht den langen Kabinengang entlang zu unserer Kabine. Wir haben einen interessanten, aber langen Tag hinter uns.
Und jetzt sind wir müde.
Richtig müde.
Vor allem meine Frau, die ein langes, langes Gähnen nicht mehr unterdrücken kann.
Wirklich höchste Zeit, um ins Bett zu gehen.
Unser freundlicher Kabinensteward – schläft denn der arme Kerl eigentlich nie? Seinen Job möchte ich nicht haben! – eilt vom anderen Ende des Gangs heran, als er uns erblickt, öffnet uns dienstbeflissen die Tür unserer Kabine, und wünscht uns eine gute Nacht.

Ich betrete nach meiner Frau die Kabine. Unser Bett ist einladend aufgeschlagen und durch das Licht einer einsamen Nachttischlampe in gemütliches Halbdunkel getaucht. Ich schließe gerade die Kabinentür hinter mir, als meine Frau auf einmal laut aufschreit.
„Ihhhhh! Da ist ein Tier! Ein Tier!", ruft sie erschreckt.
Ich stürze an ihr vorbei, heldenhaft bereit, unter Einsatz meines Lebens eine Monster-Spinne oder eine Mutanten-Kellerassel, die sich möglicherweise mit unserer Landausflugstasche an Bord geschlichen hat, von meiner armen Frau fernzuhalten – und pralle entsetzt zurück.
Was meine Frau so erschreckt, ist keine Spinne.
Auch keine Kellerassel.
Es ist überhaupt kein Insekt.
Vielmehr schwebt über unserem Bett eine riesige, bedrohliche Gestalt, die durch die Beleuchtung hinter ihr schwarz wirkt.
Eine riesige, schwarze Gestalt mit enormen Schwingen, mit einer Spannweite von mindestens einem halben Meter.
Mit großen, schwarzen Augen.
Und mit einem spitzen Maul, aus dem etwas – offenbar eine frisch geschlagene Beute – heraushängt.
Das ist···
„Das ist eine Fledermaus!", quietscht meine Frau entsetzt und spricht damit aus, was ich gerade dachte. Sie stolpert ein, zwei Schritte zurück. „Wie ist die denn hier hereingekommen?"
Weiß ich auch nicht.
Und dann auch noch ein solches Mordsexemplar!

Dann fällt mir allerdings auf, dass sich die Fledermaus nicht bewegt.
Irgendwie ungewöhnlich für diese Tiere. Fliegen können sie, das ist mir klar.
Aber schweben?
Ein Verdacht befällt mich, und ich taste nach dem Lichtschalter.
Das grelle Licht der Deckenbeleuchtung strahlt auf.
Ach so…
Dachte ich mir es doch…

Als Urheber der Aufregung entpuppt sich unsere Perle von Kabinensteward. Zu seinen vielen Aufgaben gehört es nämlich unter anderem, die Handtücher im Badezimmer auszutauschen. Was er auch regelmäßig und zuverlässig tut.
Allerdings hängt er die frischen Handtücher nicht auf, nein.
Wäre ja viel zu einfach.
Wie auf vielen Kreuzfahrtschiffen üblich, überrascht er gerne seine Gäste, indem er die frischen Handtücher kunstvoll in die Form von verschiedenen Tieren faltet, die er dann in der Kabine platziert.
So hatten wir auf dieser Reise schon einmal einen Handtuch-Dackel, der sich für ein Schläfchen auf unserem Sofa zusammengerollt hatte.
Und einen Handtuch-Affen, der sich gerade an unserem Schrank empor hangelte.
Und jetzt, jetzt haben wir auch noch eine Handtuch-Fledermaus.
Ich trete näher, kann aber nicht genau erkennen, welcher Kunstgriff dieses Gebilde aus zwei Handtüchern in seiner Form hält.
Muss wohl irgendwas mit dem Kleiderbügel zu tun haben, an dem die Fledermaus unter die Kabinendecke gehängt wurde. Für die riesigen, schwarzen Augen hat unser Steward die Sonnenbrille meiner Frau verwendet, und die Beute, die der Fledermaus aus dem Maul hängt, das ist… ja, tatsächlich… meine dunkelblaue Krawatte, die der Steward offenbar aus dem Schrank gemopst und zweckentfremdet hat.
Dieser Hallodri!

„Toll!", staunt auch meine Frau jetzt beruhigt. „Der hat ja wirklich ein fantastisches Repertoire! Bin mal gespannt, wie er das noch toppen will."
Mit diesen Worten wendet sie sich der Kabinentür zu.
„Ich gehe jetzt noch mal an die Bar!", verkündet sie. „Kommst du mit?"

„Jetzt? Nach Mitternacht?", frage ich überrascht. „Ich dachte, du seist so müde?"
„War ich ja auch", meint sie achselzuckend. „Aber jetzt bin ich munter. Du glaubst doch nicht etwa, dass ich nach diesem Schreck noch schlafen kann?"

Madeirawein

Wir schlendern durch die schöne Innenstadt von Funchal, wo unser Schiff heute festgemacht hat. Wir heißt: Meine Frau, unser 15-jähriger Sohn und ich.
Wir genießen die Sonne und die angenehme Wärme, für die die Atlantikinsel berühmt ist, und erfreuen uns an den bunten Verkaufsständen, die von der Pracht und Vielfalt der hier wachsenden Blumen fast zu bersten scheinen.

Allerdings bummeln wir nicht ziellos durch die Stadt. Wir waren schon etliche Mal hier in Funchal und befinden uns auf dem Weg zu einer der für uns attraktivsten Örtlichkeiten auf der Insel: Zur Niederlassung unseres bevorzugten Weinhändlers. Auf Madeira wird nämlich der gleichnamige Wein hergestellt, und wir nutzen einen Besuch in Funchal jedes Mal gerne, um unsere Vorräte aufzustocken, denn in der Qualität, in der er hier angeboten wird, bekommt man ihn zu Hause normalerweise nicht.
Und weil Wein, auch Süßwein, bekanntlich da am besten schmeckt, wo er angebaut wird, verbinden wir den Einkauf natürlich auch gerne mit einer Weinprobe – man will ja schließlich wissen, was man einkauft, nicht wahr?

Bei unserem Weinhändler ist nichts los, lediglich zwei Angestellte bevölkern den großen, hübsch eingerichteten Verkaufsraum. Wir werden von einer der Verkäuferinnen freundlich an einen kleinen Tisch mit kleinen Hockern an der Rückwand des Raums gewiesen, was mich etwas wundert, denn vorne, am Tresen mit der Kasse und den Probeflaschen, ist ja auch Platz, und da müsste die junge Frau nicht so weit zu uns laufen.
Egal, mir soll es recht sein.
Meine Frau und ich erläutern der Verkäuferin, was wir an Einkäufen im Sinn haben und bekommen prompt einige passende Weine zur Verkostung vorgeschlagen – und nur wenige Sekunden später tauchen drei schöne Süßweingläser an unserem Tisch auf, jedes

mit einem ordentlichen Schluck des ersten Weins gefüllt.
Drei.
Ups.
Ich informiere die Verkäuferin, dass mein Sohn, auch wenn er mich von der Größe her bereits knapp überragt, noch minderjährig ist, ernte aber nur ein amüsiertes Lachen, während sie eine Flasche des Weins, den wir gerade probieren, vor uns aufbaut, damit wir das Etikett studieren können.
Der große Kerl soll keinen Madeirawein probieren dürfen?
Was für ein Quatsch!
Das dritte Glas bleibt, und die Augen meines Sohns beginnen zu leuchten.
Mein Frau beugt sich ihm und sagt leise: „Also gut, aber wirklich nur probieren, hörst du? Den Rest gibst du deinem Vater oder mir. Und iss ab und an einen Bissen davon!"
Sie deutet auf eine Schale auf dem Tisch, die für eben diesen Zweck kleine Stücke einheimischen Honigkuchens enthält.
Mein Sohn nickt ernsthaft, was aber meine Bedenken nicht zerstreuen kann.
Nicht wirklich zumindest…

Ich nippe am ersten Wein.
Fünf Jahre alt, trocken.
Nicht schlecht, aber zu trocken, da sind meine Frau und ich uns einig, und selbst mein Sohn zieht eine etwas angewiderte Miene und lässt zu meiner Beruhigung tatsächlich einen Teil seines Glases stehen.
Der nächste Wein ist ebenfalls fünfjährig, aber halbtrocken. Schon besser. Viel besser.
Ein sehr guter Aperitif, so die Meinung meiner Frau, und sie hat, wie immer, recht. Ich werfe einen kurzen Blick in die Preisliste – passt. Der kommt mit.
Für die süßeren Sorten möchten wir eigentlich einen etwas älteren Tropfen, und man empfiehlt uns einen alten, halbsüßen Wein und – als Schmankerl gewissermaßen – einen sortenreinen 1989er.
Schön, immer her damit.

Während unsere Verkäuferin uns unseren dritten Wein serviert, öffnet sich die Tür des Verkaufsraums. Eine Gruppe von dreißig oder vierzig Leuten von mittlerem Alter aufwärts quillt herein und verteilt sich, von einem Führer geleitet, an die Tische und Sitzgruppen.

Ich höre deutsche Gesprächsfetzen.
Aha. Auch Kreuzfahrer, vermutlich von dem deutschen Schiff, das vor unserem im Hafen festgemacht hat.
Die Gruppe absolviert offensichtlich einen geführten Landausflug, zu dem auch eine Madeiraweinprobe gehört. Jetzt verstehe ich auch, warum wir so weit hinten im Eck sitzen – man braucht den Platz für diese Ausflugsgruppe, deren Führer jetzt einen kleinen Vortrag über die Herstellung von Madeirawein hält und die grundlegenden Sorten erläutert. Auch das Personal hat jetzt Verstärkung erhalten, jetzt sind drei weitere Leute da, und auch „unsere" Verkäuferin hilft mit, kleine Probiergläschen an die Ausflügler zu verteilen.
Allerdings nur Probiergläschen.
Keine Süßweingläser.
Das fällt auch einem älteren Herrn am Nachbartisch auf, als ich mein Glas hebe, um den Wein zu verkosten, und ich kann sehen, wie er sein und mein Glas vergleicht.
„Also, dieser Wein ist wirklich gut!", verkündet meine Frau, die noch nichts von der Aufmerksamkeit mitbekommen hat, die wir am Nachbartisch erregen.
Sie hat völlig Recht.
Der Fünfzehnjährige wird Nummer zwei auf unserer Liste.

Die Reisegruppe bekommt jetzt ihrerseits die erste Probe, und zwar den Standardwein für diese Anlässe, einen trockenen Dreijährigen, und das verschafft unserer Verkäuferin genug Luft, um uns den versprochenen sortenreinen 1989er zu bringen, einen Boal, ebenfalls halbsüß.
„Fantastisch!", lasse ich mich nach dem ersten Schluck hinreißen, und meine Frau stimmt mir zu: „Was für ein Aroma!"
Sie schwelgt mit dem zweiten Schlückchen nochmals, dann guckt sie nachdenklich in die Preisliste, wo für diesen Wein ein nicht ganz unbedeutender Betrag aufgerufen wird.
„Was meinst du – für besondere Gelegenheiten?"
Für besondere Gelegenheiten.
Ich weiß zwar auf Anhieb nicht, welche Gelegenheiten das sein sollen, aber da lässt sich bei Bedarf ja immer was finden, oder? Der Wein kommt auf unsere Liste.

Die Ausflugsgruppe hat sich mittlerweile zum zweiten Probiergläschen – dreijährig, halbtrocken – vorgearbeitet, und ich nutze die Gelegenheit, mich bei unserer Verkäuferin zu erkundigen, ob

auch noch ein erschwinglicher zwanzigjähriger Wein im Angebot ist, aber bevor sie antworten kann, wird sie von dem Herrn am Nachbartisch mit Beschlag belegt.
„Ich will auch das, was die da kriegen!", fährt er sie unfreundlich an, und sowohl ich als auch meine Frau gucken überrascht hinüber. Er ist zornesrot im Gesicht und fuchtelt mit der Hand in unsere Richtung.
„Und ich will auch ein großes Glas!", setzt er, mit deutlich erhobener Stimme hinzu, was auch die anderen Teilnehmer des Ausflugs veranlasst, uns kritisch in Augenschein zu nehmen.
Mein Gott, wie peinlich!
Die Verkäuferin schaut sich hilfesuchend um und winkt dann nach dem Geschäftsführer. Meine Frau und ich wechseln einen betretenen Blick.
„Vielleicht sollten wir gehen und nachher noch mal kommen", wispert mir meine Frau zu, und ich nicke. Ja, das wäre wirklich das Beste, aber ich will nicht gehen, ohne das unserer Verkäuferin zu erklären.
Mittlerweile hat sich der ältere Herr mit dem roten Gesicht erhoben und setzt dazu an, den Tresen zu stürmen, wird aber vom Führer der Gruppe und dem herbeigeeilten Chef der Weinhandlung daran gehindert.
„Die Herrschaften dort kaufen ein", erläutert der Chef dem zornigen Herren mit betont ruhiger Stimme, „und wenn Sie auch kaufen möchten, werden wir Ihnen selbstverständlich gerne auch unsere anderen Weine vorstellen."
Kaufen möchte der Herr aber nicht, wie er deutlich zu verstehen gibt. Immerhin hat er ja bereits für den Landausflug eine hübsche Summe bezahlt. Wäre ja noch schöner, für lumpigen Madeirawein gutes Extra-Geld auszugeben! Er will nur probieren. Das Gleiche wie „die dort".
„Heinz, jetzt setz ´ dich hin!", greift eine weibliche Stimme mit Autorität in das Geschehen ein. „Und sei zufrieden mit dem, was du kriegst!"
Offenbar die bessere Hälfte des zornigen Herrn. Mit einem bitterbösen Blick in unsere Richtung nimmt er wieder Platz, während für die Gruppe der dritte Wein – dreijährig, halbsüß – ausgeschenkt wird. Nicht allerdings, ohne mit den anderen Gästen der Reisegruppe zu tuscheln, was uns noch einige andere finstere Blicke einbringt.
Wir müssen jetzt gehen, kein Zweifel.

Ich erläutere dem Geschäftsführer, als er unseren Tisch passiert, dass wir später wiederkommen wollen, wenn die Gruppe weg ist, handle mir aber eine Abfuhr ein.
Gehen?
Jetzt?
Ja, warum denn?
Kommt ja gar nicht in Frage.
Auf gar keinen Fall.
Wir sollen unsere Probe doch ruhig fortsetzen.
Und im Gehen wechselt er mit unserer Verkäuferin einige Wort auf Portugiesisch, die ich nicht verstehen kann, die aber die junge Frau veranlassen, sich wieder uns zuzuwenden und das Gespräch da wieder aufzunehmen, wo uns unser Nachbar unterbrochen hatte.
Nein, so erfahren wir, in der Altersklasse um zwanzig Jahre sei nichts mehr zu bekommen, aber sie könne einen hervorragenden 1965er Verdelho anbieten – und schwupps, schon steht die Flasche auf dem Tisch, und der edle Tropfen plätschert in die Gläser. Meine Frau und ich gucken uns unbehaglich an. Einen Madeirawein dieser Alters- und Preisklasse wollen wir eigentlich nicht kaufen. Andererseits, nun steht er da, und ihn umkommen zu lassen, wäre eine Schande. Also verkosten wir den 1965er, immer noch unter strenger Beobachtung von Heinz.
Was für ein Geschmackserlebnis! Die Floskel „geht runter wie Öl" bekommt auf einmal eine völlig neue Bedeutung.
Unsere Verkäuferin schaut uns erwartungsvoll an.
„Wunderbar!", versichere ich ihr und will ihr erklären, für welche Weine wir uns entschieden haben, komme aber gar nicht dazu.
„Na, dann sollten Sie erst mal den 1926er Boal probieren!", sagt sie und wendet sich dem Tresen zu, um die entsprechende Flasche zu holen.
„Nein, nein!", erwidere ich erschrocken, denn hier reden wir jetzt über einen Wein mit einem Preis im deutlich dreistelligen Bereich. „Ich fürchte, den können wir uns wirklich beim besten Willen nicht leisten!"
Sie zuckt die Schultern und wirft einen kurzen, amüsierten Seitenblick auf Heinz, der offenbar wieder kurz vor der Explosion steht.
„Macht nichts, der ist sowieso offen."
Und mit diesen Worten fließt, nein, gleitet der achtzig Jahre alte Wein in die Gläser.
Ehrfürchtig rieche ich am Glas, bevor ich einen Schluck nehme.
Mein Gott – einen solchen Reichtum an feinen Aromen habe ich

noch nie geschmeckt. Meine Frau auch nicht, auch sie schwelgt. Großartig, einfach großartig. Dagegen wirken die Weine, die wir bisher probierten, fast schon fade.
Die Verkäuferin lächelt wissend. Offenbar spricht unsere Miene Bände, und offenbar hat sie diese Reaktion schon öfter erlebt. Heinz, der mittlerweile ein Gläschen vom vierten Wein bekommen hat – dreijährig, süß – schüttet seinen Schluck wütend hinein, auch er hat wohl unser Wohlbehagen gesehen. Ist mir aber mittlerweile egal. Bei einem solchen Wein ist mir eigentlich alles egal.

Schließlich sind unsere Gläser leer.
Schade, schade, schade.
Ich winke der Verkäuferin kurz zu, denn ich will jetzt endlich unsere Bestellung mit ihr besprechen, aber als sie an unseren Tisch kommt, hat sie erneut eine Flasche dabei und gießt wieder ein. Der Wein ist so dunkel, dass er fast schwarz wirkt, und er bewegt sich träge im Glas, beinahe wie Sirup.
„Mit besten Empfehlungen vom Chef!", sagt sie dabei, zwinkert mir verschwörerisch zu und stellt die Flasche zu den anderen auf den Tisch. Eine Flasche, die nicht nur eine ganz andere Form hat als die anderen, sondern auch ziemlich verstaubt ist.
Ich wische ein wenig vom Staub ab, um das Etikett zu lesen und schaue dann meine Frau sprachlos an, und auch ihr fehlen die Worte.
Ein Malvasia.
Jahrgang 1859.
Wow.
Meine Frau wirft einen kurzen Blick in die Preisliste.
„3000 Euro", sagt sie knapp, und ich nicke wortlos.
Genauso wortlos erhebt sich Heinz und stürmt hinaus, gefolgt von seiner besseren Hälfte, die uns im Gehen noch mit einem giftigen Blick bedenkt. Meine Frau war wohl nicht leise genug.
Aber das macht jetzt auch nichts.
Ich hebe mein Glas andächtig und lasse den Wein etwas kreisen. Schwer und träge läuft eine Welle durch das Glas, und gleichzeitig steigt ein so volles und reiches Aroma auf, dass man gar nicht mehr aufhören möchte, daran zu schnuppern. Und erst der Geschmack – göttlich. Einfach göttlich. Leider ist er viel zu schnell weg, und meine Frau und ich sehen uns an.
Was für ein fürstlicher Genuss.

So, und nun geht es endlich an die Bestellung, wir wollen in

Funchal noch etwas anderes unternehmen, schließlich fahren wir bereits heute Nachmittag wieder weiter. Diesmal bringt unsere Verkäuferin tatsächlich auch keinen Wein mehr, sondern das große, altmodische, ledergebundene Verkaufsbuch der Weinhandlung, was wiederum bei den verbliebenen Mitgliedern der Reisegruppe zu Getuschel führt.
Aber jetzt bringen wir es zu Ende.
Ich gehe mit der Verkäuferin die Weine durch, die wir kaufen wollen, alles wird in dem großen Folianten vermerkt, und zum Schluss regeln wir den Versand. Ich entscheide mich für Luftfracht, das ist schneller und nur unwesentlich teurer als der Versand per Schiff. Die Verkäuferin addiert den Endbetrag zusammen, stellt die Rechnung aus und verschwindet mit meiner Kreditkarte in Richtung Kasse, als auf einmal neben mir eine Stimme losquäkt: „Mann, gebt ihr einen Haufen Kohle für Wein aus!"
Die Stimme gehört zu meinem Sohn, und sie klingt entschieden unsicher.
Mein Sohn!?
Den habe ich über Heinz und dem alten Wein total vergessen!
Ich schaue meine Frau fragend an: „Hast du einen Teil von seinem Wein getrunken?"
Sie schüttelt den Kopf: „Nein, ich dachte, das hast du gemacht."
Klasse.
Unser Sohn hat also die Situation schamlos ausgenutzt und tatsächlich seinen Wein still, leise und unauffällig ganz allein gesüppelt. Zwar ist die Menge nicht übermäßig groß gewesen, aber Madeirawein ist stark, und wenn man es nicht gewohnt ist...
Ich weise ihn an, noch eine Minute still zu sitzen, denn schließlich ist unser Handel fast abgeschlossen. Prompt taucht auch die Verkäuferin wieder auf, händigt mir meine Kreditkarte und unsere Belege aus und wünscht uns noch einen schönen Tag. Und so verlassen wir so unauffällig, wie das mit einem lustigen Fünfzehnjährigen nur möglich ist, argwöhnisch beobachtet von der tuschelnden Reisegruppe, die Weinhandlung.
Draußen atme ich kräftig durch.
Welch ein denkwürdiger Einkauf!

Auf dem Weg zurück zu unserem Schiff machen wir am Hafen auf der Vagrant einen kurzen Zwischenstopp. Die ehemalige Jacht der Beatles dient dort als Restaurantboot, und wir genehmigen uns und vor allem unserem Sohn einen kräftigen Kaffee. Was würden schließlich unsere Mitreisenden von uns denken, wenn wir mit einem angeheiterten Minderjährigen an Bord zurückkehren...

Gute vier Wochen nach unserer Reise komme ich müde von der Arbeit nach Hause und werde von meinem Sohn völlig aufgekratzt empfangen.
„Die Pakete sind da, die Pakete sind da!", ruft er und hüpft ausgelassen um mich herum, was ich gar nicht leiden kann.
„Welche Pakete?", will ich unwirsch wissen.
„Die Pakete aus Madeira!", verkündet er.
„Welch dumme Frage!", sagt sein Tonfall dabei.
Woher sonst soll ein Paket schon kommen?
Ich öffne die Lieferung, und zusammen mit meiner Frau kontrollieren wir den Inhalt: Alles wie bestellt, alles heil.
Sehr gut.
„Machen wir eine Flasche auf?", fragt mein Sohn. „Bitte, bitte, mach ´ doch eine Flasche auf!"
Das hättest du wohl gerne.
„Nein!", sage ich entschieden und schließe die Kartons wieder. „Der ist nur für besondere Gelegenheiten."

Gala-Abend

Es ist später Nachmittag. Ich bin auf unserer Kabine damit beschäftigt, meine Kleidung für den Abend aus dem Schrank zu holen und zurechtzulegen.
Nicht irgendwelche Klamotten, nein.
Heute Abend ist an Bord nämlich ein Gala-Abend. Die Küche wird sich besonders große Mühe geben, die Tische werden besonderen Tischschmuck und die Besatzung Gala-Uniformen tragen.
Und da wollen wir nicht nachstehen.
Meine Frau wird ihr kleines Schwarzes ausführen, und ich, ich ziehe meinen Smoking an.
Hat man ja ohnehin nur selten die Gelegenheit zu···

„Warum machst du eigentlich so eine Hektik?", fragt mich meine Frau vorwurfsvoll, als sie aus dem Bad kommt. „Das Dinner beginnt doch erst in eineinhalb Stunden! Da ist doch noch massig Zeit."
„Nein, ist es nicht", widerspreche ich ihr. „Ich bin in ein paar Minuten umgezogen, ja. Aber du brauchst doch immer so lange!"
„Stimmt ja gar nicht!", empört sie sich.
„Stimmt doch", denke ich mir, verzichte aber darauf, es laut auszu-

sprechen.
Ihre Garderobe ist nämlich ziemlich entscheidungs- und damit zeitintensiv.
Bis sie sich entscheidet, welches ihrer Jäckchen zum Kleid passt··· welche Schuhe··· welche Handtasche... welcher Schmuck··· das dezente Make-Up···
Alles das kostet Zeit.
Viel Zeit.
Und entsprechend rechtzeitig muss man eben anfangen.
„Was habe ich es da doch einfacher", überlege ich mir.
Weißes Frackhemd, Hose, Weste, Fliege, Jackett, Schuhe – fertig. Dauert gerade mal fünf Minuten. Und das, obwohl ich die Fliege meist zwei- oder dreimal binden muss, bis sie richtig sitzt. Wie schon erwähnt, man hat ja nicht so oft die Gelegenheit dazu...
Auf meine Frau dagegen muss man immer warten.

Eine Viertelstunde später hat sich meine Frau doch entschlossen, sich umzuziehen, und auch ich mache mich an die Arbeit.
Das Hemd···
Mist.
Wo sind denn die Manschettenknöpfe?
Ich frage meine Frau, die gerade in ihr Kleid schlüpft.
„Weiß ich doch nicht", erhalte ich als Antwort. „Wann hast du sie denn zum letzten Mal benutzt?"
„Äh··· ich glaube, bei unserer letzten Reise auf der Sovereign", antworte ich. „Ja, genau, auf der Sovereign."
„Dann müssten sie doch im Safe beim anderen Schmuck liegen", meint meine Frau und dreht mir den Rücken zu, mit der unausgesprochenen Aufforderung, ihren Reißverschluss zu schließen.
„Tun sie aber nicht", informiere ich sie, während ich ihren Reißverschluss hochziehe.
„Dann nimm doch dein anderes Paar", schlägt meine Frau vor, während sie zwei Jacken aus dem Schrank holt und sie abwechselnd mustert.
Guter Vorschlag.
Also begebe ich mich auf die Suche nach dem Reservepaar Manschettenknöpfe. Die trage ich selten, denn sie sind aus Gold, damit teuer und entsprechend sorgfältig aufgeräumt. Schließlich finde ich sie aber im hintersten Winkel im Safe, knöpfe mein Hemd zu und beginne, die Manschettenknöpfe in die dafür vorgesehenen Schlitze der Manschetten zu puzzeln.

Meine Frau hat sich für eine Jacke entschieden, die sehr gut mit ihrem Kleid harmoniert, während ich in meine Hose fahre.
Passt noch ganz gut, trotz der drei Kilo, die ich auf unserer letzten Reise zugenommen habe···
So, die Fliege.
Verdammt, wo ist die Fliege?
„Weiß ich doch nicht", mault meine Frau auf meine Frage. „Woher soll ich denn wissen, wohin du deine Sachen räumst?"
Ich wühle mich durch die Schublade im Schrank, erfolglos, werfe dabei das Smoking-Jackett zu Boden.
„Was ist denn das da in der Brusttasche deines Jacketts?", fragt meine Frau plötzlich, während sie in ihre schwarzen Pumps schlüpft.
Ich sehe in die Brusttasche: Meine Fliege.
Wie, zum Donnerwetter, ist die denn dahin gekommen?
Egal.
Ich binde sie mir um.
So, nun noch schnell in die Weste und ins Jackett geschlüpft··· die Schuhe...
Fertig.

„Bist du endlich soweit?", frage ich meine Frau, die eben noch etwas Rouge aufträgt, mit einem nicht ganz unbeabsichtigten Unterton von Ungeduld.
„Lass mich doch bitte nicht immer warten!", soll ihr dieser Unterton signalisieren.
„Gleich", sagt sie abwesend, „reichst du mir mal die Schmuckschatulle?"
Mache ich.
Und werde von ihrem Blick gestreift.
Der Blick bleibt auf mir ruhen.
„Was hängt dir denn da vorne zum Kragen heraus?", erkundigt sich meine Frau.
Hä?
Ich blicke in den Spiegel.

Mein Sohn hat mir neulich erzählt, dass in der aktuellen Jugendsprache ein zur Hose heraushängendes Unterhosen-Etikett sehr deftig mit dem Namen „Arschfax" bezeichnet wird.
Mir hängt ein Arschfax zum Kragen heraus und überdeckt dezent die Fliege. Natürlich nicht das Etikett der Unterhose, aber das meines Unterhemdes.

Ich muss das Unterhemd in der Hitze des Gefechts verkehrt herum angezogen haben.
Verdammt und zugenäht!

„Bist du fertig?“, fragt jetzt meine Frau, ihrerseits mit einem süffisanten Unterton, der mir gar nicht gefällt, während sie ihre Brosche mit einer kleinen Handbewegung zurechtrückt, die mir verkündet, dass zumindest sie jetzt ausgehfähig sei.
„Gleich“, antworte ich und überlege krampfhaft, wie ich das Unterhemd herumdrehen kann, ohne alles andere auszuziehen.
Ich komme zu dem Schluss, dass das nicht geht.
Physikalisch völlig unmöglich.
Also ziehe ich mich wieder aus, lege Jackett, Weste und Fliege ab und ignoriere bewusst das anzügliche Grinsen meiner besseren Hälfte. Ich versuche, aus meinem Hemd zu schlüpfen, ohne die Manschettenknöpfe abzunehmen, aber auch das funktioniert nicht, und zum Schluss stehe ich wieder in Unterwäsche da, nur um das Unterhemd richtig herum anziehen zu können, während meine Frau, weiterhin lächelnd, demonstrativ ungeduldig auf die Uhr sieht und mit dem Fuß wippt, so dass jede Sekunde durch ein „Tapp!“ auf dem Teppichboden angezeigt wird.
Nur gut, dass ich darauf gedrungen habe, rechtzeitig mit dem Ankleiden zu beginnen!

Zu guter Letzt reicht sie mir die Bordkarten und ermahnt mich, den Reißverschluss meiner Hose zu schließen.
„Immer das Gleiche mit euch Männern“, seufzt sie im Kabinengang, als ich die Karten einstecke und die Kabinentür ins Schloss ziehe, „immer muss man auf euch warten.“

Origami

Meine Frau und ich halten uns in der Kabine unseres Schiffes auf. Es ist heute Einschiffungstag, und entsprechend gut ist unsere Stimmung. Wir haben die Anreise hinter uns, wir haben die Einschiffungsprozeduren überwunden, und nun stehen uns zwei Wochen Kreuzfahrt bevor.
Zwei Wochen gute Verpflegung, zwei Wochen guter Service, zwei Wochen mit immer neuen und interessanten Anlaufhäfen, zwei Wochen Entspannung.

Einfach toll.
Das einzige, was noch an Arbeit ansteht, ist das Auspacken. Unser Steward hat uns vor einigen Minuten unsere Koffer geliefert, und nun können wir noch schnell deren Inhalt auf die Schränke und Schubladen verteilen.
Mit unserer gewohnten Arbeitsteilung: Ich räume ein, meine Frau überwacht die Arbeit und trägt die schwere Verantwortung.

„Kannst du für einen Moment allein weitermachen?", fragt sie mich auf einmal. „Ich glaube, ich muss mal ins Bad!"
Ich nicke.
Klar kann ich.
Ein paar Unterhosen in eine Schublade zu legen kann eigentlich nicht so schwer sein, dass ich dafür die Aufsicht meiner Frau benötige. Gerade aber, als ich die Schublade aufziehe, kommt meine Frau aus dem Bad zurück.
Sie wirkt gereizt.
„Was ist das denn für ein Mist?", faucht sie und macht mit einer Hand eine Bewegung, als wolle sie etwas nach mir werfen. Allerdings trifft mich kein Flugobjekt, wie ich einen Augenblick lang befürchte. Lediglich eine kleine Wolke aus weiß-grauen, kleinen Fusseln steht einen Augenblick lang in der Luft und sinkt dann langsam und traurig zu Boden.
„Was denn?", frage ich verdutzt. „Hast du Staubflusen unter dem Waschtisch gefunden? Ist das Bad nicht richtig gereinigt?"
„Quatsch!", erhalte ich zur Antwort. „Das da war kein Staub. Das war das Toilettenpapier!"

Ich eile ins Bad, um mir die Sache anzusehen.
Es handelt sich bei unserem Bad um eine Standardnasszelle wie auf vielen anderen Schiffen auch, das sehe ich auf den ersten Blick: Waschtisch, Dusche, Toilette.
Nichts Ungewöhnliches.
Auch die Abflusssysteme entsprechen dem Gewohnten eines modernen Passagierschiffes: Dusche und Waschtisch haben einen normalen Ablauf, der das gebrauchte Wasser mit Hilfe der Schwerkraft strudelnd im Rohrsystem verschwinden lässt, so wie man es von zu Hause gewohnt ist. Die Toilette dagegen ist branchenüblich mit einem Unterdrucksystem ausgestattet ist, ähnlich wie in einem Flugzeug, das den Inhalt der Toilettenschüssel laut schlürfend einsaugt. Funktioniert also auch ohne Schwerkraft – man will ja schließlich seitens der Reederei nicht eine Riesenschweinerei an

Bord, sollte die Schwerkraft, die ja bekanntlich schon eine recht alte Dame ist, mal kurz einnicken.
Damit dieses Unterdrucksystem störungsfrei arbeitet, darf man es allerdings nicht überlasten, indem man alles Mögliche in die Toilette wirft. Zugelassen ist daher nur und ausschließlich das bordeigene Toilettenpapier, das sich zur Schonung des Abwassersystems inzwischen bei allen Reedereien zu einer dünnen und ein-lagigen Angelegenheit entwickelte.
Einer der wenigen Nachteile einer Kreuzfahrt…
Dieser speziellen Reederei ist allerdings, das entdecke ich bei näherer Inspektion, offenbar ein entscheidender Durchbruch in der Materialforschung gelungen.
Das Papier ist nämlich nicht einfach ein-lagig.
Es ist buchstäblich hauchdünn.
Nur wenige Nanometer, wenn ich mal schätzen soll.
Vielleicht noch zwei, drei Atome dick.
So dünn, dass es sich unmittelbar nach dem Abrollen buchstäblich in Nichts auflöst und nichts weiter hinterlässt als ein paar Fusseln, wie sie meine Frau schon produziert hat.
Und damit natürlich, zugegeben, das Abwassersystem optimal schützt: Was nämlich gar nicht erst ins Abwassersystem hineingelangen kann, kann es auch nicht verstopfen.
Eigentlich logisch…
Dass das allerdings zu gewissen Anwendungsproblemen führen kann, liegt auf der Hand, wird aber offenbar billigend in Kauf genommen.
Ich schüttle für mich den Kopf.
Nein, das kann ja so wohl nicht sein.
„Ich denke, da haben wir eine Rolle aus einer Fehlproduktion erwischt", informiere ich meine Frau. „Das haben wir gleich."
Ich verlasse das Bad, greife nach dem Telefon und bitte unseren Kabinensteward zu uns.

Es ist keine Fehlproduktion, gibt uns unser Steward einige Minuten später mit Bedauern zu verstehen. Die Reederei, so erzählt er uns, habe einen neuen Lieferanten, und daher sehe das gesamte Toilettenpapier an Bord jetzt so aus. Wir seien auch nicht die ersten, die sich beschweren, selbst die Besatzung sei unzufrieden, aber Änderung ist bis auf weiteres nicht in Sicht.
„Tut mir wirklich leid!", verabschiedet er sich, um wieder seiner Arbeit nachzugehen, die seinem Gesichtsausdruck nach zu schließen darin besteht, sich die nächste Beschwerde über das neue Toilet-

tenpapier anzuhören.
„Und jetzt?", fragt meine Frau, zugleich ratlos und erbost. „Sollen wir uns vielleicht einfach ein paar Blätter von irgendwelchen Bäumen reißen?"
Ich überdenke ihre Anregung – und verwerfe sie dann. Zum einen wäre unsere Reederei vermutlich nicht damit einverstanden, wenn wir durchs Schiff ziehen und die Grünpflanzen und Gestecke plündern. Und zum anderen würde es sich dabei genau um die Art von Gegenständen handeln, die das Unterdrucksystem verstopfen und daher nicht in die Toilette geworfen werden dürfen.
Hm···
Ich kehre ins Bad zurück, schaue mir das unschuldig auf der Rolle ruhende Problem an und beginne mit einigen Experimenten.

„Ich hab ´ s!", verkünde ich meiner Frau eine Viertelstunde später und schiebe sie ins Bad.
„Schau: Einfach langsam und vorsichtig soweit herausziehen, und dann", ich demonstriere ihr meine Technik, „und dann schnell übereinander schlagen, und dann nochmal···"
Kleine Toilettenpapierflusen stieben in die Luft.
„Und dann so rum··· und voilá!"
„Na ja", bemerkt meine Frau und besieht sich das Ergebnis meiner Falttechnik kritisch, „in unserem Origami-Kurs wären sie aber alles andere als begeistert. Was soll das überhaupt sein? Ein Kranich? Oder ein Flugzeug?"
„Weder noch!", erwidere ich stolz. „Das ist etwas, was man in unserem Origami-Kurs noch nie probiert, geschweige denn geschafft hat. Das ist funktionsfähiges Toilettenpapier!"

Los!

Meine Frau und ich begeben uns nach einem schönen Landausflug zu unserem Lieblingsplatz auf unserem Schiff: Zum Promenadendeck.

Dieses Deck ist ein Ort an Bord, den es leider, leider auf einer zunehmenden Zahl von modernen Schiffen nicht mehr gibt, den wir aber lieben und überall da genießen, wo er noch existiert.
Und ganz besonders auf diesem speziellen Schiff.
Das Promenadendeck hier ist nämlich ein außergewöhnlich breites, offenes, um das ganze Schiff umlaufendes Deck nur weni-

ge Meter über dem Meer.
Beplankt mit einem Bodenbelag aus dickem, altem Teakholz, das in Wind und Wetter fast weiß geworden ist.
Eingerichtet mit Deckchairs aus echtem Teakholz.
Einwandfreien Deckchairs übrigens, wie ich nach eingehender Prüfung, geleitet von schlechten Erfahrungen in der Vergangenheit, festgestellt habe.
Über uns ruhen die Rettungsboote in ihren Davits.
Vor uns, jenseits der Reling, rauscht die See.
Es gibt hier keinerlei Musikbeschallung, Animation oder sonstige Unterhaltung.
Klassisch, mit einem Wort.
Genau der richtige Ort also, um sich bequem in den Sitz zu lümmeln und zu lesen.
Oder auch, um einfach die Seele baumeln zu lassen.
Oder, um die See zu beobachten: Von hier aus haben wir während unserer Reise andere Schiffe in der Ferne vorbeiziehen sehen, wir sahen kleine Fischerboote in der aufgewühlten See unserer Bugwelle schaukeln, und einmal konnten wir sogar einen Wal blasen sehen.
Hatte ich schon erwähnt, dass ich das Promenadendeck liebe?

Allerdings hat das Promenadendeck dieses Schiffes eine kleine Besonderheit: Da es so extra-breit ist, dient es nicht nur Ruhesuchenden wie uns als Stätte der Erholung, sondern es ist auch als Geh-Strecke ausgewiesen.
Nicht Laufstrecke, nein, Laufen ist hier verboten.
Aus Sicherheitsgründen, versteht sich.
Immerhin fahren wir mit einer amerikanischen Reederei, die immer peinlich genau auf Sicherheit ihrer Gäste bedacht ist. Da Teakholz bei Nässe etwas rutschig werden kann, geht man da keinerlei Risiko ein.
Laufen, nein, um Gottes Willen.
Gehen, ja.
Wobei meine Frau kürzlich, wie immer nicht ganz zu Unrecht, aber ein klein wenig zynisch bemerkte, dass man angesichts des Altersdurchschnitts an Bord ohnehin von den Gästen die Sportart „Laufen" wohl kaum erwarten dürfe.
Die Geher, die die Strecke nutzen, versorgt die Reederei sogar mit einer nützlichen Information: Vier Runden, so verkündet ein geschmackvolles Messingschild, entsprechen einer englischen Meile.
Wichtig für die, die genau kontrollieren wollen, wie viel Sport sie

treiben…

Als wir uns mit unseren Büchern auf die Polster zweier Deckchairs sinken lassen, bemerken wir sofort, dass heute hier ungewöhnlich viel Betrieb herrscht. Eine Gruppe von gut zwei Dutzend Gästen steht mittschiffs auf dem Promenadendeck, alle mit dem gleichen T-Shirt bekleidet, dessen Aufdruck verkündet, dass es sich bei den Trägern um Teilnehmer am Sport-Programm der Reederei handelt. Auch ein Betreuer aus dem Fitness-Studio ist anwesend, und natürlich ein Mitglied des Fotografen-Teams, der alles auf Speicher bannt, für Fotos und das Andenken-Video, das man später im Bord-Shop erwerben kann.
Ich werfe einen kurzen Blick in das Tagesprogramm: Ach so. Heute wird hier auf unserem gemütlichen, ruhigen Promenadendeck für körperliche Ertüchtigung geworben, und zwar im Zuge einer Veranstaltung, die „Geh fünf Meilen!" heißt.
All diese Leute haben also vor, das Promenadendeck zwanzig Mal zu umrunden, dabei also umgerechnet gut siebeneinhalb Kilometer zurückzulegen und dabei um Preise wie Mützen und Schlüsselanhänger mit dem Logo unserer Reederei zu kämpfen.
Nun ja – mir soll es recht sein.
Solange man mich hier in Ruhe sitzen lässt und nicht zum Mitmachen zwingt…

„Auf die Plätze… fertig… LOS!", trompetet der Fitnesstrainer direkt neben mir, und prompt setzt sich das Feld in Bewegung. Die zwanzig Herrschaften eilen mit mehr oder weniger gesetzten Schritten – Rennen ist ja strengstens verboten! – das Promenadendeck in Richtung Heck entlang und verschwinden hinter der Biegung, die das Heck umrundet und auf die andere Schiffsseite führt, aus meinem Blick.
Ich rutsche mich in meinem Deckchair bequem zurecht, schlage mein Buch auf und beginne, mich in meinen Roman zu vertiefen. „Da kommen sie!", ruft meine Frau auf einmal unvermittelt und weist in Richtung Bug, wo tatsächlich die ersten Geher um die Biegung kommen. Gleichzeitig brüllt der Trainer aufmunternd „Los, los, LOS!", während er ein Schild mit einer großen „1" hochhält. Der Fotograf lässt einen Apparat eine Salve von Blitzen verschießen. Die erste Runde ist vorüber.
Die Ruhe offenbar leider auch.
Das Feld hat sich jetzt etwas auseinandergezogen, wie ich unschwer feststellen kann. Vorne weg eilen ein paar Fitness-Über-

zeugte, denen man ansieht, dass sie den Wellness-Bereich des Schiffes selten verlassen und die sich sichtlich nur mit allergrößter Mühe zügeln können, nicht zu laufen.
Gehen lautet ja schließlich die Devise.
Das Mittelfeld wird von einem jungen Mann angeführt, was mich wundert – allzu viele junge Leute sind schließlich nicht an Bord.
Wie aufs Stichwort raunt mir meine Frau zu: „Das ist einer der Sänger aus dem Theater!"
Aha.
Das erklärt vermutlich auch, warum er einen Kopfhörer aufhat und lauthals zu einer für uns unhörbaren Begleitung einen Broadway-Klassiker singt.
Ein weiterer, etwas älterer Herr hat sich offenbar entschlossen, das Nützliche mit dem Angenehmen oder zumindest mit der Erweiterung seiner Bildung zu verbinden: Während er mit weit ausholenden Schritten über das Deck eilt, liest er angestrengt in einem Buch, ohne seine Umgebung oder seine Mit-Geher zu beachten.
„Ob das zwanzig Runden lang gut geht?", fragt meine Frau kritisch und niemanden im Besonderen.
Ein letzter Nachzügler passiert langsam unsere Deckchairs: Er geht mühsam mit zwei Unterarmgehstützen.
Dabei sein ist offenbar alles.

Ich schiebe mein durch den behinderten Herren gewecktes schlechtes Gewissen zur Seite – schließlich bin ich im Urlaub, wann denn sonst darf ich faul sein? – senke meinen Blick auf mein Buch, kann mich aber nicht so richtig auf den Roman konzentrieren. Noch neunzehn Runden, wenn ich richtig rechne. Ach herrje – wie lange sie dafür wohl brauchen werden?
„Los, los, LOS!"
Dieser Schrei unterbricht meine Überlegungen, und ich klappe das Buch zu.
Zu lange, als dass hier noch groß Ruhe einkehrt…
Die Spitzenläuferin – pardon, Geherin – schießt an uns vorbei und rückt für den Fotografen ihr T-Shirt so zurecht, dass die großen Schweißflecken an Brust und unter den Achseln gut zur Geltung kommen. Nicht, dass die Nachwelt später noch glaubt, diese sportliche Spitzenleistung sei gestellt gewesen, nicht wahr?
Auch der Sänger kommt vorbei und schmettert diesmal eine italienische Opernarie. So langsam gewinne ich eine gute Vorstellung von dem, was uns heute Abend als Hauptunterhaltung erwartet.
Allerdings ist auch die erster Ausfall zu verzeichnen: Eine Dame,

die vorhin noch stramm am Kopf des Mittelfeldes marschierte, ist jetzt zurückgefallen und geht eigentlich nicht mehr, sondern schlurft nur noch vorwärts, ohne ihre Füße von den Decksplanken hochzuheben.
Ist so auch viel kräfteschonender.
Immerhin hat sie ja noch achtzehn Runden vor sich.
Und um all die hässlichen, schwarzen Streifen, die ihre Schuhsohlen auf dem schönen, hellen Deck hinterlassen, kümmert sich ja heute Abend die Reinigungscrew.

„Los, los, LOS!"
Die dritte Runde ist vollendet.
Oder die zweite, je nach Betrachtungsweise.
Just vor unseren Deckchairs überrunden nämlich die sportlichen Herrschaften – die T-Shirts mittlerweile so nass, dass der Verdacht aufkommt, dass man da irgendwo außerhalb unseres Blickfeldes mit ein oder zwei Gläsern Wasser nachgeholfen hat – den Herrn mit den Krücken.
Entsprechend hält der Trainer auch zwei Schilder hoch: Die „3" für die Athleten, die „2" für den gehbehinderten Herren.
„Runde 32?", fragt mich meine Frau irritiert. „Ich dachte, das Rennen geht nur über zwanzig Runden?"
Ich seufze und mache mich daran, ihr die Hintergründe zu erläutern, und bis ich damit fertig bin, sind die Geher wieder verschwunden.
Ich schließe die Augen; ein kleines Nickerchen wäre jetzt ganz nett···

„Los, los, LOS!"
Ein Schild mit der Nummer „4" wird hochgereckt, und schrecke auf. Da bin ich doch tatsächlich eingeschlafen? Leider aber nur für wenige Sekunden.
Der immer noch lesende Herr – meine Frau behält mit ihren Bedenken wir immer recht – stolpert über den Fußteil meines Deckchairs, schlägt mir schmerzhaft auf die Schienbeine und wirft mir über den Rand seiner Lektüre einen strafenden Blick zu. Ist ja wirklich unverschämt von mir, hier einfach so im Weg herum zu liegen und ihn bei seinem Studium zu stören.
Das Mittelfeld ist jetzt deutlich ausgedünnt, etliche haben schon aufgegeben, wie ich hoffnungsfroh feststelle. Vielleicht wird es ja doch nicht mehr so lange dauern?

Tut es leider doch.
Einige Runden und etliche „Los, los, LOS!" später – ich mag mittlerweile weder den Broadwaysong noch die Arie mehr hören, meine Schienbeine sind mit blauen Flecken übersät von den Kollisionen mit dem lesenden Herren – hat sich das Teilnehmerfeld buchstäblich über das gesamte Promenadendeck verteilt. Kontinuirlich trampelt, schlurft oder wankt jetzt jemand an uns vorbei.
Die Spitzengeher haben inzwischen das Mittelfeld einmal und den gehbehinderten Teilnehmer sogar mehrfach überrundet, so dass der Trainer mittlerweile drei Schilder hochhalten muss. „874", zeigen seine Tafeln jetzt an.
Die Spitze aus drei Damen und Herren versprüht jedes Mal, wenn sie vorbeieilt, einen Schauer aus Schweißtropfen über alle Zuschauer und hinterlässt feuchte Flecken auf dem Teak des Decks.
Ich wundere mich ein wenig über die Nachlässigkeit unserer Reederei: Von Rechts wegen hätten Stewards hier schon längst ausschwärmen und große, gelbe Schilder mit der Aufschrift „Caution! Wet Deck!" verteilen müssen.
Sicherheitshalber.
Zum Schutz der Gäste.
Ist ja immerhin, wie schon erwähnt, eine amerikanische Reederei.
Die sind heute einfach nicht richtig auf Zack···
Einige der Teilnehmer stehen jetzt kurz vor dem Ende ihrer Kräfte.
Ein älterer Herr geht nicht mehr, sondern stakt, warum auch immer, wie ein Storch vorbei, die Knie bei jedem Schritt bis zur Brust angezogen.
Eine noch ältere Dame bewegt sich nur noch ruckartig vorwärts.
Mit jedem Schritt wirft sie die jeweilige Körperhälfte nach vorne, ihr Gesichtsausdruck bleibt dabei völlig unberührt.
„Guck mal!", meint meine Frau betroffen, als die Dame vorüber wankt. „Guck mal, ein Zombie!"
Treffend, dieser Vergleich, finde ich.

„Los, los, LOS!"
Ich werfe einen Blick auf den Trainer und sein angestrengtes Lächeln, und ein hässlicher Verdacht befällt mich unvermittelt.
Ich habe mal einen Roman mit dem Titel „Todesmarsch" von Stephen King gelesen, in dem jeder Teilnehmer eines Wettgehens, der es wagte, stehen zu bleiben, ganz einfach erschossen wurde.
Man wird doch hier nicht etwa···
Nein, nein, nein, beruhige ich mich wieder.
Nein, auf keinen Fall.

Kann ja gar nicht sein, nicht bei unserer Reederei, so was tut die mit Sicherheit nicht.
Und bisher waren schließlich auch keinerlei Schüsse zu hören...
Allerdings scheinen sich die Teilnehmer an „Geh fünf Meilen!" zumindest in dieser Situation zu wähnen – alle sind offenbar verzweifelt entschlossen, sich keinesfalls erschießen zu lassen, völlig unabhängig von der Erschöpfung.
Was für ein Bild des Elends!

„Los, los, LOS!"
Ich weiß jetzt nicht mehr, wer welche Runde beendet hat, aber langsam geht mir das Gebrüll, das Getrampel und das Geschlurfe auf die Nerven, ganz zu schweigen vom mitleiderregenden Anblick der verbliebenen Kombattanten und von den schienbeinmordenden Attacken des lesenden Herren.
Als ob sie meine Gedanken lesen kann bemerkt meine Frau: „Irgendwie macht das hier heute keinen Spaß. Und eigentlich ist es mir völlig egal, wer gewinnt. Lass uns doch auf die Kabine gehen."
Ich nicke.
Eine gute Idee.
Richtig gut.
Und als meine Frau keine Anstalten macht sich zu erheben, blaffe ich sie an, ganz im Stil des Trainers, der mir dafür einen überraschten Blick zuwirft: „Ja, worauf wartest du dann noch? Los, los, LOS!"

Obduktion

Ich kehre vom Dessert-Büffet an unseren Tisch zurück, einen Steward im Schlepptau, der meine Beute auf meinen Teller trägt.
Zwar wäre das eigentlich nicht nötig. So viel, dass ich den Teller nicht selbst tragen könnte, habe ich nämlich nicht darauf geladen.
Eher im Gegenteil.
Ich hasse randvolle Teller und gehe lieber ein- oder zweimal öfter ans Büffet.
Auf diesem Schiff schreibt man aber Service ganz groß.
Gewissermaßen sogar fettgedruckt.
Der Steward, der mich mit meinem Teller begleitet, gehört hier einfach zum Standard.
Genau wie der Koch, der mir an der Büffettheke die Mühe abgenommen hat, mich selbst zu bedienen und mir die gewünschten

Speisen auf den Teller vorgelegt hat.
Oder der Steward, der mir mein Mineralwasser eingießt.
Genau auch wie der Steward, der mir höflich den Stuhl am festlich eingedeckten Tisch zurechtrückt und mir nach dem Setzen meine Servierte wieder in den Schoß legt.
Hier merkt man, dass es einen Unterschied zwischen einem Büffetrestaurant und einem Selbstbedienungsrestaurant gibt.
Einen gewaltigen Unterschied.
Und einen feinen.

„Zeig mal, was du dir ausgesucht hast!", begrüßt mich meine Frau, während uns eine freundlich lächelnde Stewardess jedem einen doppelten Espresso serviert, unser übliches Getränk zum Dessert.
„Hol dir doch selbst ein Dessert!", schlage ich meiner Frau vor. „Es gibt hier so viel davon, dass sie es kostenlos abgeben!"
„Nein, ich will kein Dessert essen", erklärt sie mir. „Ich bin zu satt. Ich will nur mal sehen, was du da hast."
Ich schiebe ihr seufzend meinen Dessertteller hin.
„Ich habe mir eine Schoko-Pistazien-Tart und einen Karamell-Keks geholt, siehst du? Zufrieden?"
Offenbar nicht.
Meine Frau hebt die Gabel, ihre Augen leuchten vor Neugier. Professioneller Neugier, gewissermaßen.
Immerhin ist auch sie eine begnadete Köchin, Bäckerin und Konditorin. In Personalunion, wenn man so will.
Sie beäugt das Pistazien-Törtchen fachmännisch-kritisch.
„Hm – ein einfacher Überzug aus Schokoladenkuvertüre", meint sie, hebt die oberste Schicht meiner Tart routiniert ab und deponiert sie am Rand des Tellers. Dann sticht sie ein wenig von der grünen Creme ab, die unter der Schokolade zum Vorschein kommt, und schiebt das Bröckchen in den Mund.
„Normale Quarkcreme, mit Pistazienaroma und Lebensmittelfarbe", klärt sie mich auf und lauscht dem Geschmack hinterher. „Nein, kein Aroma. Man hat tatsächlich echte Pistazien verwendet. Nicht übel."
Wieder kommt die Gabel zum Einsatz, hebt auch die Schicht Pistaziencreme professionell ab und lagert sie neben dem Häufchen Schokolade. Der Boden des Törtchens schimmert dunkelbraun. Auch hier sticht meine Frau ein kleines Stückchen ab, kostet es aber gar nicht, sondern studiert den Teig kritisch.
„Normaler, französischer Mürbeteig. Nichts Aufregendes."
Sie zuckt mit den Schultern.

„Das kann ich auch selbst machen."
Was ich natürlich niemals in Abrede zu stellen gewagt hätte. Meine Frau kocht und backt verdammt gut, wie schon erwähnt. Trotzdem würde ich jetzt gerne...

Meine Hoffnung erlischt, als sie sich dem Karamell-Keks zuwendet. Ihre Zaubergabel trennt die Schicht aus Karamell-Creme sauber vom Boden und legt sie präzise neben den getrennten Bestandteilen des Pistazien-Törtchens ab, bevor sie ein kleines Stückchen den kritischen Augen meiner Frau zur Musterung vorstellt.
„Einfaches Karamell. Der Boden", sie stochert in dem blanken Boden des Kekses, „ist der gleiche einfache Mürbeteig wie bei dem anderen Törtchen. Nur ohne Schokolade."

Sie legt die Gabel zur Seite und schiebt mir meinen Teller zurück. Ich betrachte traurig die Bestandteile meines Desserts: Alle sauber getrennt und ordentlich nebeneinander auf dem Teller aufgeschichtet. Irgendwie, finde ich, sah das Ganze vorher appetitanregender aus...
„Was ist denn?", fragt meine Frau ungeduldig. „Willst du denn dein Dessert nicht essen?"
Ach, ich weiß nicht.
„Weißt du was?", frage ich meine Frau zurück. „Wenn wir wieder zuhause sind, solltest du mal CSI Miami anschauen."
„Diese Serie über Gerichtsmediziner? Warum denn?"
„Na ja", entgegne ich wehmütig, „dort nähen die Pathologen ihre Leichen nach der Obduktion wenigstens wieder zusammen..."

Tanztee

Wir sind auf Landgang und spazieren durch Malaga. Wir bedeutet: Meine Frau, unser vierzehnjähriger Sohn und ich. Wir sind heute Morgen in Malaga angekommen und werden am frühen Nachmittag schon wieder ablegen, haben also leider nicht viel Zeit, aber für eine Führung zu den wichtigsten Sehenswürdigkeiten der alten spanischen Stadt reicht es.

Wir passieren einen schönen, schattigen Park mit großen, alten Bäumen, in dem sich unzählige Katzen tummeln. Der Blick meiner Frau, einer ausgewiesenen Katzennärrin, erfüllt sich mit Mitleid, denn viele der Tiere befinden sich in einem bedauernswerten

Zustand: Verwildert, ungepflegt, abgemagert und auch sichtlich krank. Auch unser Sohn mustert die Katzen und ihr Verhalten. Schließlich wendet er sich an meine Frau und fragt: „Warum lecken sich die Katzen eigentlich ständig am Hinterteil und springen dann wild herum?"
„Vermutlich haben sie Würmer", gibt ihm meine Frau zur Antwort, mit einer Stimme, die deutlich erkennen lässt, dass sie am liebsten die Katzen mitnehmen und gesund pflegen würde.
„Würmer?", fragt mein Sohn und guckt die Katzen ganz genau an. „Ich sehe aber keine Würmer."
Ich seufze und mach mich daran, ihm das unappetitliche Kapitel der Darmparasiten so kurz wie möglich zu erklären.
Und ganz nebenbei lotse ich meine Frau vom Park weg.
Nicht, dass sie noch auf dumme Gedanken kommt...

Am Nachmittag sind wir wieder auf See und sitzen im großen Ballsaal unseres Schiffes, einem schönen Raum, mit großen, deckenhohen Fenstern mit Ausblick auf das Kielwasser und gemütlichen, kleinen Sitzecken um die Tanzfläche. Unsere Reederei veranstaltet hier mehrmals in der Woche einen Tanztee, den wir gerne und regelmäßig besuchen.
Nicht um zu tanzen, denn bei Seegang zu tanzen ist manchmal recht schwierig, das haben wir bei unseren eigenen Versuchen schon festgestellt.
Nein, wir kommen ganz einfach, um das Ambiente zu genießen: Ein kleines Orchester spielt leichte Tanzmusik, die Tischchen sind festlich mit strahlend weißem Damast eingedeckt, und livrierte Stewards mit Glace-Handschuhen servieren Tee aus silbernen Kannen sowie leckere Kuchen und gehaltvolle Sandwiches.
Für die Unterhaltung sorgen die Tanzenden.
Die Veranstaltung ist gut besucht, und die Tanzfläche ist recht voll. Wobei die Verteilung der Paare auf der Fläche recht unregelmäßig ist: Wenn das Schiff nach Backbord rollt, ballen sich die Tänzer auf der linken Hälfte der Tanzfläche, rollt es zurück nach Steuerbord, dann fluten die Paare auf die rechte Hälfte.
Unter den Tänzer gibt es, das ist uns schon öfter aufgefallen, immer solche, die richtig gut tanzen können, bei denen es Spaß macht, ihnen zuzusehen, und einige, die offensichtlich über die ersten Tanzstunden nicht hinausgekommen sind und sich auf der Tanzfläche mit mehr Enthusiasmus als Geschick bewegen.

Heute sind besonders viele Paare von der zweiten Sorte da. Viele

haben noch nicht gelernt, kleine Schritte zu tun und sausen mit Riesensprüngen über das Parkett.
Mein Sohn schaut fasziniert zu.
Mehr als nur fasziniert.
Sein Mund steht staunend offen, sein Tee steht unangetastet auf dem Tischchen, und selbst sein Stück Schokoladentorte – ein riesiges Stück, der Steward hat es wieder einmal besonders gut mit ihm gemeint – ist im Augenblick vergessen. Dann runzelt er auf einmal die Stirn und beginnt zu lächeln.
„Papa", wendet er sich an mich, „sag mal, haben die Leute dort", er deutet auf die Tanzpaare, „haben die Leute dort auch Würmer?"

Geisterschiff

Ich wache mitten in der Nacht auf, noch in einem Traum gefangen. Was, zum Teufel, habe ich da eigentlich geträumt? Ich kann mich nicht so richtig erinnern, kann mich aber auch nicht aus dem Traum lösen, irgendwie hält er mich noch fest. Es war kein guter Traum, so viel weiß ich noch. Irgendwie ziemlich gruselig···
Und überhaupt – wo bin ich eigentlich?
Das da im Halbdunkel ist doch nicht unser Schlafzimmer!?

Ich drehe mich im Bett um, sehe ein bodenhohes Fenster, und beim Anblick der zurückgezogenen Vorhänge kehrt meine Orientierung zurück. Die Vorhänge lassen wir nämlich nachts nur auf Reisen offen.
Auf See.
Richtig – ich bin auf einem Kreuzfahrtschiff. Wir haben vorgestern Hamilton auf den Bermudas verlassen, und gestern Abend, als wir zu Bett gingen, waren wir mitten auf dem Atlantik.
Mit mehr als 5600 Metern Wasser unter uns.
Und noch ungefähr 1200 Seemeilen bis Ponta Delgada, unserem nächsten Anlaufhafen, vor uns.
Behauptete zumindest die im Bordfernsehen übertragene Seekarte.
Noch drei Tage also mit Nichtstun, mit Faulenzen, mit Lesen.
Drei Tage mit hervorragendem Essen und perfektem Service.
Eigentlich toll.
Ich wüsste jetzt nur noch gerne, was mich eigentlich geweckt hat?
Der immer mehr verblassende Traum war es nicht, da bin ich mir sicher...

Ich werfe einen Blick auf die Uhr auf meinem Nachttisch: 00.05 Uhr steht auf der Anzeige.
Fünf Minuten nach Mitternacht.
Die Geisterstunde hat gerade begonnen.
Mein Blick wandert von der Uhr wieder zu unserem Fenster, und jetzt registriere ich die Veränderung dort draußen. Die See, die gestern Abend noch ruhig war und sanft unter unserem Schiff hindurch lief, ist in den letzten Stunden deutlich rauer geworden. Die Wellenkämme haben weiße Kronen aufgesetzt, und ich erhasche in dem vagen Licht, das von den Fenstern unseres Schiff nach draußen fällt, immer wieder den Anblick von Gischtfahnen, die der Wind von diesen Kämmen abreißt und hoch aufwirbelt.
Dort draußen weht ein ziemlicher Wind, mit anderen Worten, und entsprechend rollt das Schiff auch deutlich spürbar. Es legt sich immer wieder stark nach Steuerbord, zögert dort kurz, und rollt dann langsam und behäbig auf die andere Seite.
Aber das hat mich auch nicht geweckt.
Sicher nicht.
Es gibt bedauernswerte Leute, die bei solchen Schiffsbewegungen seekrank werden, aber auf mich wirkt das Ganze eher beruhigend und schlaffördernd.
Nein, da muss noch etwas gewesen sein...

Ich schließe träge wieder die Augen, als mir endlich einfällt, was mich geweckt hat: Ein Geräusch.
Jemand hat an unser Fenster geklopft.
Laut und deutlich.
Ein kalter Schauer läuft mir den Rücken hinunter.
„Lass den Blödsinn!", ermahne ich mich selbst. Wir sind schließlich mitten auf dem Atlantik, Hunderte von Seemeilen vom nächsten Land entfernt. Unsere Kabine befindet sich zudem auf Deck 7, in beachtlicher Höhe also, und sie verfügt noch nicht einmal über einen Balkon.
Wie soll da also jemand an unser Fenster klopfen können?
Doch, da!
Tock – tock – tock!
Schon wieder!
Ich bekomme Gänsehaut an den Armen und muss unwillkürlich an Edgar Allen Poe denken. Hängt wohl irgendwie mit der Geisterstunde zusammen...
Ich zwinge mich, die Augen wieder aufzuschlagen und setze mich

dabei auf. Schließlich bin ich ein moderner, aufgeklärter Mensch, und Aberglaube ist das Letzte, was man mir vorwerfen kann. Ich sehe das Fenster, deutlich, klar, die Vorhänge wie vorhin aufgezogen.
Davor: Nichts.
Nur die aufgewühlte See.
Dafür stöhnt jetzt die Wand laut und deutlich.
Ach so.
Erleichtert lege ich meinen Kopf wieder auf mein Kissen.
Kommt alles nur von der Kabinenverkleidung, die irgendwo scheuert, wenn das Schiff in der schweren See arbeitet. Oder vielleicht von einem losen Tauende an einem der Rettungsboote, die auf dem Deck unter uns aufgehängt sind, das jetzt mit den Schiffsbewegungen schwingt. So ein dickes Seil, das gegen die Metallwand schlägt, kann schließlich ganz schön laut sein…

Ich drifte erneut in den Schlaf, als plötzlich Schritte in der Kabine ertönen.
Schwere, ernste Schritte.
Tapp ... tapp... tapp... tapp...
Sie kommen vom Fenster.
Und führen am Fußende meines Bettes vorbei, zum Kleiderschrank.
Ich spüre, wie mir Schweiß auf der Stirn ausbricht.
Erst ein Klopfen, dann Schritte?
Da ist ja doch jemand in unserer Kabine!
Jemand, der von draußen kam!
Urplötzlich fällt mir der Film „Fluch der Karibik" ein, mit der Figur des Davy Jones, eines Ungeheuers, halb Mensch, halb Krake. Als ich den Film sah, habe ich mich köstlich über diesen Unfug amüsiert.
Aber jetzt, auf hoher See, zur Geisterstunde...
Ich zwinge mich wieder, diesmal mit viel größerer Willensanstrengung, zumindest ein Auge zu öffnen.
Ich sehe – nichts.
Gar nichts.
Niemanden.
Unsere Kabine ist ruhig und leer.
„Mach dich nicht selbst total verrückt!", ermahne ich mich. Vermutlich verwindet sich die Kabine, das ist alles. Bei diesem Wetter absolut nichts Ungewöhnliches. Die durch das Rollen und Stampfen des Schiffes entstehenden Spannungen bewegen geringfügig

einzelne Teile der Konstruktion.
Und das verursacht eben alle möglichen Geräusche.
„Schlaf jetzt endlich!", weise ich mich selbst an.
Genauso wie meine Frau, die sich neben mir in ihrem Bett zusammengerollt hat und leise schnarcht, unempfindlich gegen den gruseligen Lärm.

Ich schüttle mein Kopfkissen auf und rutsche meinen Kopf darauf zurecht, fest entschlossen, den Geräuschen der Kabine keine Beachtung mehr zu schenken.
Auch nicht den Fußtritten, die jetzt wieder vor meinem Bett einsetzen.
Schon gar nicht dem Klappern der Schranktüren, das so klingt, als habe jemand den Schrank geöffnet und geschlossen.
Nein, das wird alles nur durch die Arbeit des Schiffes in der aufgewühlten See verursacht.

Huh... huhuhuuuu... huhuhhhh....
Oh Gott, dieses dünne, geisterhafte, entsetzliche Wimmern und Klagen, das ist nicht die Kabine!
Kann gar nicht sein!
Das kommt nämlich aus dem Schrank!
Ich spüre, wie sich meine Nackenhaare aufstellen.
Jemand – oder noch viel schlimmer: etwas – sitzt jetzt heulend zwischen unserer Wäsche.
Mein Gott, mein Gott, was soll ich jetzt nur tun?
Gedanken an Kruzifixe, an Knoblauch und an silberne Pistolenkugeln schießen kurz durch meinen Kopf, aber leider führe ich solche Artikel nur selten auf Kreuzfahrten mit. Und selbst wenn ich etwas davon hätte, wären das alles keine probaten Mittel gegen einen Poltergeist.
Oder Davy Jones.
Oder den Klaubautermann.
Oder was immer dort in unserem Schrank so erbärmlich jammert.
Dann fällt mir auf einmal auf, dass ich einige Worte des gespenstischen Jaulens, ja, sogar die Fragmente einer Melodie erkennen kann: Das Gespenst in unserem Schrank wimmert offenbar „My Way".
Mir bleibt der Mund vor Staunen offen stehen.
Was, zum Teufel, hat denn der Geist von Frank Sinatra ausgerechnet in unseren Schrank zu suchen?!
Passt doch irgendwie nicht so ganz...

Nein, das ist gar kein Geist, das wird mir nach einem kurzen Augenblick des Nachdenkens klar. Auf dem Deck unter unserer Kabine befindet sich nämlich eine Bar mit einem Flügel, auf dem sich ein Sänger manchmal bis zum frühen Morgen selbst begleitet. Der Flügel steht auf den Millimeter genau unter unserem Schrank, wie sogar der Decksplan bestätigt.
Und dank einer schlechten Schallisolierung wirkt unser Schrank manchmal wie eine Lautsprecherbox, und so können wir den Flügel leider recht deutlich hören können.
Niemand ist in unserem Schrank.
Nur ein Pianist an seinem Flügel, ein Deck tiefer.
Ich atme zwei-, dreimal tief durch.
Schluss jetzt mit dem Quatsch.
Es gibt keine Geister.
Schon gar nicht auf unserem Schiff, das obendrein funkelnagelneu ist.
Ich rolle mich auf die Seite, fest entschlossen, jetzt wieder zu schlafen. Und diesmal auch etwas Schönes zu träumen.

Kreiiiiiiiissssccccchhh!
Ein lautes Geräusch reißt mich aus dem Halbschlaf.
Ein Geräusch, als sei auf einer Jahrhunderte alten Burg ein lange vergessenes, eingerostetes Kerkertor geöffnet worden. Diesmal weiß ich sofort, was dieses Geräusch verursacht hat: Unsere Badezimmertür. Sie ist zwar keine Jahrhunderte, sondern gerade mal drei Monate alt, aber die italienischen Monteure haben wohl beim Bau nicht so genau gearbeitet, und deswegen wird jedes Mal, wenn jemand unser Bad betritt, das halbe Schiff darüber in Kenntnis gesetzt.
„Darum muss sich unbedingt ein Techniker kümmern!", denke ich mir im Eindösen.
Morgen.
Moment.
Wieder bin ich hellwach.
Wieso ist die Badezimmertür denn überhaupt aufgegangen?
Gut, das Schiff arbeitet, die Kabine verwindet sich, Spannungen suchen sich einen Weg durch die Konstruktion, das habe ich alles ja schon festgestellt. Aber doch nicht so dolle, dass die Badtür von allein aufschwingt! Schon gar nicht gegen die beachtliche Kraft ihres Schließmechanismus!
Ich rolle mich auf die andere Seite, öffne die Augen – und fahre mit einem Ruck, der mir im Rücken weh tut, hoch.

Weißes, grelles, überirdisches Licht blendet mich.
Heißt es nicht immer, man solle nach seinem Tod ins Licht gehen?
Und in diesem Geisterlicht zeichnen sich tatsächlich auch noch die schemenhaften Umrisse einer Gestalt in einem weiten, weißen Gewand ab, das eigentlich nichts anderes als ein Totenhemd sein kann...
Diesmal stellen sich nicht nur meine Nackenhaare auf, diesmal steht jedes Haar, das ich am Körper habe.
Ich sehe einen leibhaften Geist!
OK, OK, ich bin bekehrt!
Ab sofort glaube ich an Gespenster!
Ich ringe entsetzt nach Luft, und als ich schließlich einatmen kann, verwende ich diese Luft, um meinem Grauen mit einem lauten, gellenden, unartikulierten Schrei Ausdruck zu geben:
„AAAHHHH..."
Ich bemerke befremdet, dass die Erscheinung, der Geist, das Gespenst vor meinem Schrei zurückfährt.
„Mein Gott!", erklingt schwach, flüsternd, bedrohlich eine Stimme.
Seltsamerweise··· die Stimme meiner Frau?
Die Gestalt schlägt sich eine Hand vor den Mund, und ich erkenne, mittlerweile etwas an das helle Licht gewöhnt, dass das weiße Totenhemd dem Nacht-T-Shirt meiner Frau verflixt ähnlich sieht.
Gut, wenn ich jetzt ganz genau hinsehe: Der Geist ist gar kein Geist.
Es handelt sich bei der Erscheinung tatsächlich um meine Frau.
Meine Frau, die im Licht der Badezimmerbeleuchtung in der Tür steht.
„Mein Gott", wiederholt sie nach einigen Sekunden Schweigen, „mein Gott, kann ich denn nicht einmal zur Toilette gehen, ohne dass du einen zu Tode erschreckst?"

Firmenpolitik

Meine Frau und ich sitzen in unserer Kabine gespannt auf dem Bett. Eben ist nämlich ein Techniker erschienen, um unsere Dusche, die nur kaltes, gelegentlich kurz auch lauwarmes Wasser spendet, zu reparieren.
Endlich.
Höchste Zeit.
Hat auch lange genug gedauert.
Immerhin waren wir trotz unserer Reklamationen fünf Tagen lang

gezwungen, kalt zu duschen. Und das ist alles andere als angenehm…

Der Techniker in seinem weißen Overall kommt gerade wieder aus unserem kleinen Bad.
„Alles in Ordnung!", verkündet er und trocknet sich die Hände an einem unserer Handtücher ab.
„Na, das ging ja schnell!", denke ich, denn immerhin war er eben mal dreißig Sekunden drinnen.
„Und wo lag der Fehler?", frage ich laut, mehr aus Neugier.
Er wirft mir einen verständnislosen Blick zu.
„Kein Fehler. Alles in Ordnung", versichert er uns und will sich zum Gehen wenden.
Kein Fehler?
Wieso…
Moment mal.
Ich eile ins Bad, drehe die Brause auf, halte die Hand unter den Strahl... und fühle... kaltes Wasser.
Eiskalt.
So wie bisher.
Nein, Leute, so geht es nun wirklich nicht...
„Stopp", rufe ich dem Techniker hinterher, „da ist nichts in Ordnung!"
Der Techniker kehrt unwillig in das kleine und mit uns beiden jetzt ziemlich volle Bad zurück, wirft mir einen ungehaltenen Blick zu und hält seinerseits die Hand unter den Brausestrahl.
„In Ordnung", bekräftigt er, „das Wasser ist warm."
Warm?
Gut, das ist natürlich immer auch eine Frage der Definition.
Die Kelvin-Skala beispielsweise beginnt mit absoluten Nullpunkt und kennt deswegen noch nicht einmal Minustemperaturen, da ist gewissermaßen alles warm.
Allerdings muss leider ich hier duschen, nicht er.
„Nein", widerspreche ich daher, „es ist bestenfalls lauwarm. Wir wollen aber richtig warmes Wasser. Heißes, wenn es geht. So heißes wie hier am Waschbecken!"
Und zur Demonstration drehe ich den Wasserhahn am Waschbecken auf, der, aus welchem Grund auch immer, im Gegensatz zur Dusche heißes Wasser liefert, so heiß, dass der Spiegel darüber fast sofort beschlägt.
„Nein, das ist nicht die Dusche", erklärt mir der Techniker geduldig und weist auf die laufende Brause, „das ist die Dusche."

Ich gucke ihn empört an.
Ganz klar: Der will mich veräppeln!
Oder versteht er etwa kein Englisch?
Kann ich nicht entscheiden.
Mit zusammengebissenen Zähnen zähle ich leise bis zehn und erkläre ihm nochmals ganz langsam, dass ich so heißes Wasser wie am Waschbecken auch in der Dusche haben möchte.
Und zur Demonstration drehe ich am Temperaturregler der Dusche und lasse ihn am Anschlag stehen, dort, wo die Aufschrift fünfzig Grad verspricht und bestenfalls zwanzig liefert.
Der Techniker schüttelt vehement und entsetzt den Kopf.
Nein, nein, nein, so heißes Wasser gebe es nicht, auf keinen Fall.
Und außerdem, so ermahnt er mich mit strenger Miene, dürfe ich den Temperaturregler sowieso nicht berühren, der befinde sich nämlich auf einer von der Gesellschaft festgelegten Einstellung, die ich nicht ändern darf. Das sei Firmenpolitik.
Dieser Hinweis verschlägt mir für einen Augenblick die Sprache.
Den Regler nicht verstellen?
Wegen··· wegen der Firmenpolitik?
Ich bin es gewohnt, mit dem Regler die mir genehme Wassertemperatur einzustellen; das ist ein Vorgang, den ich zu Hause seit Jahrzehnten jeden Tag ausführe, ohne dabei großartig darüber nachzudenken oder jemals dabei auf Probleme gestoßen zu sein.
Wozu ist der Regler denn auch sonst da?
Ich öffne den Mund, um diese Frage laut zu formulieren, komme aber nicht dazu, denn nun erläutert mir der Techniker, dass die Wassertemperatur schon mal schwanken könne, wenn mehrere Leute auf dem Deck gleichzeitig duschen.
Aha.
Interessant.
Hat zwar nichts mit dem grundlegenden Übel zu tun, ist aber mit Sicherheit der Grund dafür, dass unser Wasser manchmal eiskalt und manchmal lauwarm ist.
Aber...
Ich habe keine Chance für einen Einwurf. Der Techniker ist jetzt richtig in Fahrt.
„Und außerdem", so sagt er mir in belehrendem Ton, „ist es die Firmenpolitik der Gesellschaft, die Duschen nicht mit heißem Wasser zu beschicken, damit sich die Gäste nicht verbrühen."
Politik der Reederei?
Schon wieder?
Man scheint hier ja zum Thema Duschen eine dezidierte Firmen-

politik zu verfolgen.
Nun ja.
Ich fasse das Ganze in Gedanken kurz zusammen: Ich darf also den Temperaturregler nicht anfassen, muss mich mit niedrigen und dazu noch schwankenden Temperaturen abfinden, und verbrühen darf ich mich zwar am Waschbecken, aber nicht unter der Dusche...

Mit schwirrt der Kopf.
Irgendwie fühle ich mich jetzt, als hätte ich gerade eine Kollision mit einem Bus hinter mir. Der Techniker erkennt meinen betäubten Gesichtsausdruck und wendet sich mit triumphierendem Lächeln erneut zum Gehen.
„Sieg durch K.O. in der ersten Runde!", sagt dieses Lächeln.
Es weckt mich aus meiner Betäubung.
„Moment", bringe ich hervor, etwas atemlos, halb betäubt, aber immerhin, „das ist ja alles gut und schön, aber es löst alles nicht das Problem, dass die Dusche nur kaltes Wasser spendet. Beheben Sie das, bitte. Jetzt. Ich bestehe darauf. Sie müssen doch vermutlich nur die Mischbatterie anders einstellen."
Der Techniker runzelt verärgert die Stirn, verlässt das Bad und greift zum Telefon.
Einen Augenblick lang befällt mich ernsthaft die Befürchtung, dass man die Wassertemperatur auf diesem Schiff mit der Tastatur des Telefons einstellen muss. Wirkt auf mich zwar auf den ersten Blick absurd, aber immerhin gehöre ich ja zu den blöden Zeitgenossen, denen man die Bedienung einer Dusche erklären muss und die dazu neigen, Dusche und Waschbecken zu verwechseln.
Was verstehe ich also schon davon.
Allerdings benutzt der Techniker das Telefon tatsächlich nur dazu, um einen Anruf zu tätigen, und ich atme mit einer gewissen Erleichterung auf. Dem Telefonat kann ich leider nicht folgen, denn ich beherrsche philippinisch nur unzureichend, aber es kommen einige englische Zahlen vor, die Temperaturangaben sein könnten. Schließlich legt er auf, betritt erneut das kleine Bad und dreht nochmals die Dusche an.
„Ist das in Ordnung?", fragt er schließlich, und zögerlich strecke ich auch meine Hand unter den Wasserstrahl.
Er ist mäßig warm.
Tatsächlich.
Fast zu schön, um wahr zu sein.
Der Strahl ist zwar nicht sehr warm, recht weit weg von heiß, mei-

lenweit entfernt von der Gefahr, sich zu verbrühen, aber mein Arm überzieht sich immerhin nicht mit einer Gänsehaut.
Ich nicke.
Ja, so ist es zumindest erträglich.
„Hab ´ ich doch schon gesagt", bemerkt der Techniker zufrieden, „alles in Ordnung."

Unsere Kabinentür fällt ins Schloss, meine Frau und ich sind wieder allein.
„Was war das denn?", will meine Frau nach einigen, langen, langen, nachdenklichen Sekunden des Schweigens wissen. „Wollte der uns auf den Arm nehmen?"
Ich schüttle den Kopf.
„Nein, nein, ich bin sicher", erkläre ich meiner Frau mit gewichtiger Miene, „ich bin sicher, das hier ist ganz einfach Bestandteil der Firmenpolitik."

Kapitänsempfang

Wir – meine Frau und ich – schlendern auf der Suche nach einem Sitzplatz durch die elegante Grand Bar unseres Schiffes. Die Bar ist heute ausgesprochen gut besucht. Alle Tische sind mit fröhlich plaudernden, festlich gekleideten und gut gelaunten Passagieren besetzt. Heute, am zweiten Tag unserer Kreuzfahrt, findet nämlich ein Cocktailempfang durch den Kapitän statt.
Ein Großereignis, das sich niemand entgehen lassen will.
Wir übrigens auch nicht.
Wo doch der Champagner dabei in Strömen zu fließen pflegt···

Solche Veranstaltungen haben wir schon öfters mitgemacht, sie gehören gewissermaßen zum Standardrepertoire auf Kreuzfahrtschiffen. Allerdings haben wir den Cocktailempfang bisher in etwas anderer Form erlebt. Auf den meisten Schiffen wird nämlich zu zwei verschiedenen Zeiten gespeist, in zwei „Sitzungen", und daher kann man jeweils die Hälfte der Passagiere, die gerade nicht diniert, zum Empfang in einem der größeren Räume des Schiffes, meist im Theater versammeln.
Das geht aber hier nicht.
Auf diesem Schiff gibt es keine Sitzungen. Alle speisen zur gleichen Zeit.
Und damit gibt es auch keine Möglichkeit, verschiedene Termine

anzusetzen.
Stattdessen hat man alle Passagiere einfach in die verschiedenen Bars an Bord eingeladen und angekündigt, der Kapitän werde im Laufe des Empfangs durch alle diese Bars spazieren, sich also überall zeigen und ein paar Worte mit jedem Gast wechseln.

Schließlich finden wir zwei freie Plätze an einem Tisch, an dem bereits ein älteres amerikanisches Ehepaar sitzt. Ein Steward huscht heran und reicht jedem von uns ein Glas Champagner. Ich stoße mit meiner Frau auf eine schöne und erholsame Reise an.
Wir plaudern leise, während wir auf den Kapitän warten, zuerst untereinander, später mit dem amerikanischen Ehepaar.
Schließlich – hoppala – sind unsere Champagnergläser leer, vom Kapitän ist allerdings noch keine Spur zu sehen. Unser frischgebackener Reisebekannter winkt den Steward heran, und wir genehmigen uns alle ein zweites Gläschen.
Ja, so lässt es sich aushalten⋯.

Eine weitere halbe Stunde später ist der Kapitän immer noch nicht aufgetaucht, unsere Gläser – Ja, gibt es das denn? – sind aber schon wieder leer, und diesmal übernehme ich die Aufgabe, der Steward heranzuwinken.
Er versucht zuerst, mich zu ignorieren, kommt dann aber etwas widerwillig doch und versorgt uns widerstrebend mit einer dritten Runde Champagner.
„Wo bleibt denn der Kapitän?“, fragt ihn der Amerikaner dabei streng.
„War er denn noch nicht da?“, entgegnet der Steward überrascht.
„Nein, hier ist er noch nicht durchgekommen!“, erklärt ihm der Amerikaner und setzt achselzuckend hinzu: „Nun ja, dann bleiben wir einfach hier sitzen und trinken solange weiter Champagner, bis er kommt.“
Der Steward erblasst.
„Ich werde den Kapitän sofort suchen!“, versichert er uns und will sich zurückziehen, wird aber von mir aufgehalten.
„Ach was, nicht nötig. Lassen Sie sich ruhig Zeit“, meine ich leichthin und deute auf eine ungeöffnete Flasche Champagner auf seinem Tablett, „aber bevor Sie gehen, machen Sie die am besten gleich noch auf.“
Der Steward presst in heller Panik die Flasche an sich, macht zwei, drei Schritte zurück und ergreift schließlich so hektisch die Flucht, dass er dabei beinahe rücklings über einen Sessel fällt.

„Der Kapitän wird gleich bei Ihnen sein!", ruft er uns noch über die Schulter zu, bevor er in der Menschenmenge verschwindet.

Wir sehen uns vor einen langen Augenblick gegenseitig schweigend an und brechen zum Schluss alle vier gleichzeitig in Gelächter aus.
„Was meinst du, ob wohl der Kapitän wirklich noch kommt?", fragt mich schließlich meine Frau.
Ich zucke die Schultern.
„Ganz ehrlich – eigentlich ist mir das ziemlich egal. Es sei denn, er hätte Champagner dabei···"

Entscheidungshilfe

Es ist später Nachmittag. Unser Schiff ist auf See unterwegs zu unserem nächsten Reiseziel und wiegt sich leicht in der langen Dünung. Meine Frau und ich haben uns eben in unserer Kabine fürs Dinner angekleidet: „Lässig-elegant", so wie im Tagesprogramm vorgeschlagen.
Ich lässig.
Meine Frau elegant.
So wie immer.
Nun diskutieren wir, welche Option wir für das heutige Dinner wählen sollen, während meine Frau letzte Verbesserungen an ihrer Frisur vornimmt. Sie hat nämlich keinen großen Hunger und möchte eigentlich nicht in den Hauptspeisesaal, wo üblicherweise ein viergängiges Menü serviert wird. Ich aber möchte nicht ans Büffet, weil mir dort die Auswahl nicht so zusagt.

„Vielleicht sollten wir einfach den Kabinenservice···", versuche ich gerade, einen Kompromiss zu erreichen, als mich der Lautsprecher unserer Kabine rüde unterbricht.
„Tuut – Tuut – Tuut – Tuut···", brüllt der Lautsprecher in höchster, nervenzerfetzender Lautstärke.
„Alarm?", fragt meine Frau.
Sie klingt irritiert.
Klar, eine solch lebenswichtige Entscheidung wie die Modalitäten der Aufnahme der Abendmahlzeit will gut durchdacht sein, da kann man keine Störungen gebrauchen.
„Sicher doch nur eine Übung fürs Personal?"
Ich öffne die Kabinentür und spähe den langen Kabinengang

entlang in Richtung Heck. Die Beleuchtung des Gangs ist erloschen, dafür brennt trübe die Notbeleuchtung. Der normalerweise fast unsichtbar im Boden eingelassene Leuchtstreifen, der den Fluchtweg kennzeichnet, strahlt in grellem neon-grün. Auch wenn ich keinen Rauch ausmachen kann, so hängt doch der widerliche Geruch von schmorendem Kunststoff schwer und unverkennbar in der Luft.
Irgendetwas brennt.
Mein Magen krampft sich unangenehm zusammen.
„Nein", muss ich meine Frau beklommen informieren, „das ist keine Übung. Das ist Ernst."
Sie wirft mir zuerst einen ungläubigen Blick zu, nickt dann aber wortlos, öffnet routiniert – als ob sie so etwas jeden Tag erleben würde –unseren kleinen Kabinensafe, greift nach ihrer Handtasche und stopft ihren Schmuck und unsere Reisepässe hinein. Ich ziehe derweil unsere Schwimmwesten aus dem Schrank und nehme nach kurzem Zögern auch noch unsere Reisejacken von ihren Bügeln. Wir sind zwar in der Karibik, wo es eigentlich immer schön warm ist, aber wer weiß denn schon, wie kalt es in der Nacht in einem Rettungsboot werden kann?
„Bereit?", fragt meine Frau knapp, und ich halte ihr höflich die Kabinentür auf, während die Lautsprecher im Gang eine neue Salve von entsetzlich lautem Tuten abfeuern und ein neuer Schwall von Plastikgestank auf uns eindringt.

Wie im Fluchtplan vorgeschrieben, begeben wir uns zügig durch den Kabinengang nach achtern zum Treppenhaus, das hinauf auf das Promenadendeck und zu unserer Rettungsstation führt. Auch andere Mitreisende gucken jetzt beunruhigt aus ihren Kabinen. Einige treten heraus auf den Gang, die einen wie wir mit ihren Rettungswesten in der Hand, andere im Versuch begriffen, die Westen schon jetzt anzuziehen und sich prompt in der komplizierten Materie und den Riemen der Weste verheddernd.
Ein Offizier kommt uns entgegen, hastet mit angespanntem Gesicht im Laufschritt den Gang entlang in Richtung Bug und winkt uns mit einer Handbewegung in Richtung des Treppenhauses.
„Gut, weiter so!", keucht er, als er an uns vorbei sprintet.
„Du hast recht!", kommentiert meine Frau besorgt. „Das ist ernst."
Als wir das Treppenhaus erreichen, erwachen erneut die Lautsprecher zum Leben: Der Kapitän persönlich.
Er teilt uns mit, dass an Bord Feuer ausgebrochen sei, glücklicherweise aber nicht in einem wichtigen Sektor des Schiffes, sondern

nur im Spa-Bereich. Eine ältere Dame hinter uns stößt bei dieser Information ein lautes Stöhnen aus.
„Scheint so, als seien für die Gute ganz andere Schiffssektoren wichtig als für den Kapitän", meint meine Frau sotto voce.
Leider kann ich dadurch den Rest der Durchsage nicht mehr richtig verstehen, bekomme aber noch etwas von „··· auf den Stationen···" mit.
Gut, dahin sind wir ja schon unterwegs.

Wir erreichen unsere Rettungsstation auf dem Promenadendeck. Die Sonne schickt sich gerade an, mit einem spektakulären Farbenspiel unterzugehen, so, als sei nichts geschehen. Unser Schiff macht nach wie vor ordentlich Fahrt. Unser Rettungsboot ruht wie immer über uns in seinen Klampen. Aktivitäten, es zum Abfieren klar zu machen, sind nicht zu sehen.
Irgendwie beruhigend.
Dann stutze ich.
Normalerweise sollten hier jetzt 150 Leute stehen. Mit meiner Frau und mir selbst stehen aber nur – ich zähle schnell durch – acht Passagiere auf unserer Rettungsstation.
Und bei den anderen Booten sieht es auch nicht viel anders aus, soweit ich das auf der langen Flucht des Promenadendecks ausmachen kann. Zwar sind überall die orangen Punkte der Rettungswesten zu erkennen, aber bei weitem nicht so viele, wie es eigentlich sein sollte.
Meine Frau und ich wechseln einen überraschten Blick.
„Ja, ja, das ist immer so!", meint eine unserer Mitreisenden, die unser Mienenspiel richtig interpretiert, gleichgültig. „Wir waren schon zweimal in dieser Situation, mit Feuer an Bord, und jedes Mal hat das keiner richtig ernst genommen. Die kommen schon noch."

Sie kommen nicht.
Nach ungefähr zehn Minuten, in denen sich niemand mehr auf der Rettungsstation einfindet, meldet sich der Kapitän wieder. Der Brandherd sei jetzt lokalisiert, so erfahren wir, und die Löscharbeiten würden gute Fortschritte machen. Die Rettungsmannschaften sollten aber weiter auf ihren Positionen bleiben.
„Die Rettungsmannschaften!", sage ich zu meiner Frau. „Nicht die Passagiere. Lass uns wieder nach unten gehen!"
Meine Frau schüttelt entschieden den Kopf.
„Nein, noch nicht. Wir warten lieber noch ein paar Minuten."

Na gut.
Sie hat ja recht. Sicher ist sicher.
Ein paar Minuten später, mir wird mittlerweile richtig heiß – unglaublich, wie brennend in der Karibik selbst die untergehende Sonne noch sein kann – begeben wir uns schließlich zurück ins Schiff.
Zögerlich.
Nicht weit, nur in den Schatten.
Nicht ohne schlechtes Gewissen von meiner Seite übrigens. Schließlich gingen viele der Passagiere der Titanic auch wieder zurück ins Innere, weil ihnen zu kalt war…
Im Atrium treffen wir auf die Tai-Chi-Gruppe, die unter Anleitung eines Animateurs ungerührt Atemübungen absolviert, die, da bin ich mir fast sicher, keinesfalls zu den Notfallprozeduren gehören.
Scheint ja alles doch nicht so schlimm zu sein.
Wie aufs Stichwort meldet sich der Kapitän erneut.
„Der Brand ist gelöscht!", verkündet er stolz, der Alarm sei aufgehoben.
Na, Gott sei Dank!

Zurück auf der Kabine verstaue ich die Schwimmwesten wieder in ihren Schrankfächern, während meine Frau unsere Wertsachen wieder in den Safe räumt. Sie schüttelt dabei den Kopf.
„Dass so viele Leute den Alarm einfach ignoriert haben, verstehe ich einfach nicht!", grübelt sie.
Ich auch nicht.
Aber gut, das ist ja im Falle des Falles nicht unser Problem. Viel wichtiger ist, wie gut für uns persönlich die Räumung unserer Unterkunft funktionierte.
Vorbildlich.
Könnte man fast stolz drauf sein.
Das Gesicht meiner Frau hellt sich plötzlich auf.
„Aber zu einem war die Sache jetzt doch gut!", meint sie und schaut auf die Uhr. „Der Alarm hat uns eine Entscheidung abgenommen."
„Eine Entscheidung?", frage ich verwirrt. „Welche Entscheidung?"
Sie strahlt.
„Die Entscheidung über das Abendessen. Wir gehen ans Büffet! Für den Speisesaal ist es jetzt nämlich zu spät…"

Kabinenservice

„Kabinenservice!"
Dieser Ruf dringt, begleitet von einem kräftiges Klopfen, gedämpft durch unsere Kabinentür.
Es ist früh am Morgen.
Vor unserem Fenster sehen wir draußen im Licht der eben aufgehenden Sonne die Wellenbrecher des Hafens vorüber gleiten, in dem unser Schiff in einigen Minuten festmachen wird. Normalerweise sind wir ja so früh am Morgen nicht auf den Beinen, zumindest nicht im Urlaub. Heute planen wir aber einen ausgedehnten Ausflug und müssen deswegen das Schiff recht früh verlassen. Und deswegen haben meine Frau und ich gestern Abend beschlossen, heute Morgen den Trubel der Restaurants zu meiden und auf unserer Kabine zu frühstücken.

Ist ja schließlich auch ganz einfach und bequem.
Gestern füllten wir vor dem Zubettgehen ein Bestellformular aus, auf dem wir nur ankreuzen mussten, was wir am nächsten Morgen zum Frühstück wünschen.
Das Formular schnell außen an die Klinke der Kabinentür gehängt – und schon fertig. Alles andere übernehmen angenehmerweise die dienstbaren Geister der Besatzung.
Leise und unauffällig.
Großartige Sache.
Müsste es zuhause auch geben···

Ich öffne die Kabinentür und sehe mich einem großen und sichtlich schweren Tablett gegenüber, auf dem sich diverse Teller unter Kunststoffschutzhauben stapeln, zusammen mit zwei Tassen, Kannen und allerlei Kleinkram wie Zucker und Besteck. Erst auf den zweiten Blick entdecke ich einen der bereits erwähnten dienstbaren Geister hinter dem Tablett – und erschrecke.
Bei diesem speziellen Geist handelt es sich nämlich um eine Stewardess, eine hübsche Asiatin Mitte Zwanzig, soweit man das nach dem Gesicht beurteilen kann. Mehr kann ich nämlich nicht von ihr sehen.
Sie ist eine sehr zierliche Person, um das vorsichtig auszudrücken.
Mindestens einen Kopf kleiner als ich.
Und höchstens ein Drittel meines Umfangs···
„Um Gottes Willen!", rufe ich aus und greife nach dem Tablett, will es ihr abnehmen, bevor die Ärmste unter ihrer Last zusammen-

bricht.
Ich greife ins Leere.
„Nein, danke, Sir", antwortet mir die kleine Stewardess mit einem höflichen Lächeln, „ich mache das schon."
Mit diesen Worten dreht sie sich zur Seite. Nur eine kleine Bewegung, mit der sie aber geschickt das Tablett aus meiner Reichweite bugsiert, gleichzeitig die Kabinentür daran hindert, wieder zuzufallen, und mich obendrein zwingt, einen Schritt zurück in die Kabine zu treten und ihr den Weg freizugeben.
Ich staune.
Wie hat sie das gemacht?
Vor allem, ohne das Tablett fallen zu lassen?
Bevor ich den Gedanken weiter verfolgen kann, hat die Stewardess das schwere Tablett scheinbar mühelos auf dem Tischchen der Sitzecke unserer Kabine abgesetzt und zieht unseren Bestellzettel hervor.
„Zweimal schwarzer Tee mit Zucker und Zitrone", sagt sie und kontrolliert dabei, ob diese Bestellung tatsächlich auf dem Tablett steht, „zweimal Früchteteller, zweimal Räucherlachs mit gegrillter Tomate und Kartoffelpuffer, vier Brötchen, Butter, Marmelade und vier Scheiben Toast…"
Sie bricht ab und zieht ein erschrockenes Gesicht.
Der Toast ist nicht da.
Vergessen.
Ups.
„Der Toast fehlt", sagt sie schließlich geknickt. „Das tut mir sehr leid. Ich werde ihn sofort holen."
Sie wendet sich zum Gehen.
„Nein, nein!", wehre ich ab.
Ich werde doch dieses zierliche Persönchen wegen lumpiger vier Scheiben Toastbrot durchs halbe Schiff laufen lassen.
„Das muss nicht sein. Das hier reicht doch allemal für uns."
Ich drücke ihr ein paar Münzen Trinkgeld in die Hand, die ich vorher schon bereit gelegt hatte und die sie sich wirklich hart verdiente. Sie guckt mich ungläubig und verwirrt an, lächelt dann – und plötzlich finde ich mich völlig unerwartet in einer herzlichen Umarmung wieder und werde kräftig gedrückt.
„Vielen Dank!", ruft sie, bevor sie mich freigibt und aus der Kabine eilt.

Ich schaue verblüfft zu meiner Frau, die einen ausgesprochen amüsierten Gesichtsausdruck zur Schau trägt.

„Scheint, es würde dir nicht viel ausmachen, wenn sie öfter mal was vergisst!“, meint sie, während sie auf dem kleinen Sofa Platz nimmt und zwei Tassen Tee eingießt.
Nun, damit hat sie nicht ganz unrecht.
Eigentlich keine Überraschung…
„Na ja“, meine ich schließlich und reiche ihr ihren Teller Räucherlachs, „das nennt man eben einen richtig guten Kabinenservice.“

Hygiene

Wir – meine Frau, unser 13-jähriger Sohn und ich - sitzen im großen Speisesaal beim Gala-Dinner. Der Speisesaal ist ein schöner Raum, mit großen, runden Tischen, die alle festlich mit Silberbesteck und blütenweißen Damast-Servierten eingedeckt sind. LED-Lichter an der Decke simulieren stimmungsvoll den Sternenhimmel.
Kellner eilen elegant durch den Saal, um die bestellten Speisen zu servieren.
Das Orchester spielt leise Musik.
Eigentlich könnten wir rundum zufrieden sein.
Dass wir es nicht so ganz sind, liegt an unserem speziellen Tisch: Wir haben leider keinen Platz an einer der schönen, großen Tafeln. Vielmehr hat man uns zu Reisebeginn einen kleinen Tisch für vier Personen zugewiesen, ganz für uns drei allein. Wenngleich er natürlich ebenfalls festlich gedeckt ist, so wirkt er zwischen all den prächtigen Tafeln etwas verloren.
„Als ob er in aller Eile eingeschoben worden sei“, hat es meine Frau am ersten Abend formuliert und dabei abfällig die Nase gerümpft, „ein richtiger Katzentisch.“
Ich kann ihr nicht widersprechen.
Auch ich habe den Eindruck, dass man den anderen, überwiegend amerikanischen Gästen eine gemeinsame Mahlzeit mit einem deutschen Teenager nicht zumuten wollte.
Schade, finde ich.
Besonders, weil meine Frau und ich es eigentlich lieben, neue Bekanntschaften zu knüpfen.
Aber da kann man eben nichts machen.
Bleiben wir halt für uns.

Allerdings hat dieser Tisch durchaus einen Vorteil, den man an den großen Tafeln nicht hat: Man kann beim Essen wunderschön, un-

gestört und in aller Ruhe seine Mitreisenden rundum beobachten. Zum Beispiel einen Amerikaner am Nachbartisch, der dort mit zwei Jungen, ungefähr im Alter meines Sohnes, sitzt.
Auch allein übrigens, obwohl auch dort sechs Personen Platz finden würden.
Ein Schelm, wer Übles dabei denkt…
Heute Abend verfolgt mein Sohn das Geschehen an diesem Tisch so aufmerksam, dass er gar nicht merkt, dass er eben bereits seine Suppe serviert bekam. Beobachten ist auch vielleicht nicht das richtige Wort.
Starren wäre vielleicht treffender.
„Guck nicht so auffällig“, zische ich ihm leise zu, „und iss deine Suppe!“
Er würdigt mich keiner Antwort, sondern wendet sich an meine Frau: „Schau mal, Mutti“, bemerkt er, „was der dort mit den Gläsern macht.“
Meine Frau sieht in Richtung Nachbartisch, und auch ich werfe einen kurzen Blick nach nebenan... lasse sofort einen längeren folgen... und kann dann nicht anders, als meinerseits unverhohlen zum Nachbartisch zu starren.
Einer der beiden Jungs dort, der mir schon vor Tagen wegen seiner großen und abstehenden Ohren aufgefallen ist, vertreibt sich gerade damit die Zeit, zwei leere, unbenutzte Weingläser an seinen Kopf...
Irgendwie fehlt mir einen Augenblick lang das richtige Wort.
Montieren?
Installieren?
Passt alles nicht so ganz.
Schrauben?
Ja.
Das ist es.
Er ist damit beschäftigt, sich die Weingläser an seinen Kopf zu schrauben. Dazu dreht er erst seine linke Ohrmuschel zusammen, stülpt mit einer drehenden Bewegung vorsichtig ein Weinglas darüber und wiederholt dann den Vorgang an der rechten Seite. Und – voilà – die sich wieder entfaltenden Ohren halten die Gläser an Ort und Stelle. Die Stiele stehen links und rechts ab wie gläserne Antennen. Sie sind zwar ganz nicht ganz in der Waagrechten, aber dafür wippen sie ganz natürlich, wenn er seinen Kopf bewegt. Er sieht damit aus wie eine Teenager-Version eines Außerirdischen. Ganz zufrieden scheint der Junge damit aber nicht zu sein, denn es steht ja noch ein unbenutztes Wasserglas auf dem Tisch, das

auch noch versorgt werden müsste.
Was damit nur anfangen?
Er versucht, es sich an die Nase zu kleben, scheitert aber. Das Glas ist dafür zu schwer. Zu guter Letzt beschließt er, sich das Wasserglas gekonnt in den Mund zu schieben, tief, tief, immer tiefer, bis nur noch der Boden herausschaut. Allein der Anblick reicht aus, um bei mir den Würgereiz auszulösen, und ich muss schwer schlucken.
Dann lässt er seinen Blick durch den Speisesaal schweifen, sichtlich auf Anerkennung und Applaus bedacht.
Insgesamt eine... äh... zutiefst verstörende Vorstellung.
Meine Frau und ich gucken uns an und ringen um Beherrschung, meine Frau so stark, dass ihr Tränen aus den Augen rinnen, während sie unterdrückt hustet.
„Toll!", staunt mein Sohn mit unverhohlener Bewunderung. „Das muss ich auch probieren!"
Prompt greift er nach unseren Weingläsern.
„Untersteh dich!", rufe ich leise, während meine Frau gleichzeitig heiser „Auf keinen Fall!" stammelt und ihm sogar einen Klaps auf die ausgestreckte Hand gibt.
„Iss´ jetzt endlich deine Suppe, bevor sie kalt wird!", mahne ich. Leider ebenso erfolglos wie beim ersten Mal.
Was ist schließlich schon eine öde Suppe gegen die interessante Szene nur wenige Schritte entfernt...

Eine Szene, der der Steward eben zu meiner Erleichterung ein Ende macht. Mit indignierter Miene schraubt er dem Außerirdischen seine Weinglas-Antennen wieder ab und zieht ihm vorsichtig das Wasserglas aus dem Schlund. Er bringt die Gläser zum Gläserschrank – und stellt sie nach einem schnellen Blick in die Runde zu den anderen, unbenutzten Gläsern, bevor er sich wieder an seine Arbeit macht.
Meine Frau und ich wechseln einen langen Blick.
„Vielleicht sollten wir in Zukunft unsere Gläser selbst noch mal ausreiben", meint meine Frau nachdenklich, und ich nicke.
Sie hat recht.
Wie immer.
Nicht dass wir an der Hygiene hier an Bord etwas auszusetzen hätten.
Aber wir sind da einfach etwas komisch.
Wir bevorzugen unseren Wein nämlich ohne Ohrenschmalz···

Grundberührung

Ich lasse mich in unserer Kabine mit einem Seufzer der Erleichterung auf mein Bett fallen. Wir – meine Frau und ich – haben heute Malaga besichtigt, was sehr interessant, aber auch ziemlich anstrengend war. So sind wir beide jetzt ziemlich erschlagen und haben beschlossen, uns die knapp zwei Stunden bis zum Dinner auszuruhen. Sogar das Ablegen werden wir nicht beobachten, hat meine Frau entschieden. Wogegen ich diesmal auch nicht das Geringste einzuwenden habe.
Zumal wir in unserer Kabine im Heckbereich des Schiffes ohnehin merken werden, wenn wir abfahren: Der Antriebsstrang unseres Schiffes sorgt bei jedem Manöver für ordentliche Vibrationen, so dass wir auf jeden Fall über den Stand der Dinge bestens informiert sind.
„Interessanter Ausflug“, meint meine Frau schläfrig, „aber für das, was man uns gezeigt hat, ziemlich teuer, meinst du nicht?“
Ich nicke.
Sie hat recht.
Wie immer.
Organisierte Landausflüge auf Kreuzfahrtschiffen sind immer ziemlich kostenintensiv, und unsere heutige Exkursion machte da keine Ausnahme. Aber man will ja schließlich etwas sehen, wenn man schon in einer fremden Stadt ist.
Wobei mittlerweile vieles an Bord ziemlich teuer geworden ist, sinniere ich müßig.
Trinkgeld und Getränke, zum Beispiel.
Die allein gehen schon ganz schön ins Geld.
„Eigentlich seltsam, dass man für die Unterhaltung an Bord noch nichts bezahlen muss!“, denke ich noch im Einschlafen.

Pünktlich um fünf Uhr am Nachmittag weckt mich kurz das leichte Schütteln, das ankündigt, dass die Maschinen tief unter uns auf Touren gebracht werden. Ich werfe einen kurzen Blick durch das Fenster: Jawohl, die Welt draußen bewegt sich.
Ich schließe die Augen wieder.
Aber nicht lange.
Nach wenigen Sekunden ändert sich die Geräuschkulisse, diesmal auf eine bisher unbekannte Weise. Die Vibrationen nehmen zu, immer weiter, und zum ersten Mal auf dieser Reise kann man die Maschinen nicht nur fühlen, sondern auch hören.
Ein gereiztes, hohes Brummen, wie von einem Hornissenschwarm.

Ein Brummen, das nur Motoren von sich geben, die hart an die obere Grenze ihrer Belastbarkeit getrieben werden. Gleichzeitig erklingen von unten seltsame schabende und knirschende Geräusche.
Dann – ein Ruck.
Ein schwerer.
Das Schiff legt sich hart nach Steuerbord, ich stütze mich instinktiv am Rand des Bettes ab, meine Frau rollt gegen mich. Unser Tischchen, auf dem ein Teller und eine Schale mit Obst stehen, fällt um. Der Teller zerbricht klirrend, Orangen und Äpfel kullern durch die Kabine.
Danach – Stille.
„Was um Himmels Willen war denn das?", erkundigt sich meine Frau erschrocken, während sie sich wieder zurück in ihre Hälfte des Bettes schiebt.
„Weiß ich nicht", antwortete ich, während ich mich erhebe, „aber es hat sich so angefühlt, als seien wir auf Grund gelaufen."
Ich bücke mich, um das Tischchen wieder aufzustellen – das mache ich übrigens nicht zum ersten Mal, das blöde Teil ist während unserer Reise bei schwerer See schon immer wieder umgekippt – sammle das Obst ein und suche die Scherben des Tellers zusammen.
„Und nun?", will meine Frau beunruhigt wissen.
Ich zucke die Schultern.
„Weiß ich nicht!", wiederhole ich meinen Satz und lege mich wieder auf mein Bett. „Aber das ist nicht unser Problem, oder?"

Ich schließe müde wieder die Augen und beginne gerade wieder, einzuschlafen, als meine Frau neben mir entsetzt emporschießt.
„Der wird uns rammen!", schreit sie aufgeregt und deutet in Richtung Fenster. „Schau doch, der wird uns rammen!"
Ich fahre aus meinem Halbschlaf hoch.
„Rammen? Wer?", frage ich, zu Tode erschrocken, und folge mit den Augen dem Arm meiner Frau. Zuerst kann ich gar nicht sehen, was sie meint, aber dann erkenne ich den Mast eines kleinen Schiffes, der unmittelbar vor unserer Balkonbrüstung in der Dünung schwankt.
Ganz nahe.
So nahe, dass man ihn scheinbar mit Händen fassen könnte.
Ich springe auf und haste auf unseren Balkon. Neben uns schwimmt tatsächlich ein anderes Schiff. Es ist ganz nahe, nicht mehr als zwei oder drei Meter entfernt.

Höchstens.
Ein Schlepper, wie ich erkenne, nachdem meine Schrecksekunde überwunden habe.
Auch meine Frau, die neben mich getreten ist, erkennt das.
„Man wird uns freischleppen?“, fragt sie, mehr an sich selbst gewandt.
Ich nicke und deute, über die Balkonbrüstung gelehnt, in Richtung Bug.
„Schau, da vorne ist noch ein zweiter Schlepper. Kann jetzt nicht mehr lange dauern.“

Wir sehen vom Balkon aus zu, wie die Schlepper schwere Trossen übernehmen und dann gemeinsam beginnen, unser Schiff weg vom Pier hinaus ins Hafenbecken hinaus zu ziehen.
Der Schlepper unmittelbar unter unserem Balkon wirbelt jede Menge Hafenschlick auf, aber zunächst passiert nichts. Erst als beide Schlepper hörbar ihre Maschinen hochfahren, kommt Bewegung in die Sache. Erst legt sich unser Schiff nach Steuerbord, immer weiter und weiter, dann beginnt es unter uns wieder zu knirschen, und schließlich kommt wieder ein Ruck, der das Schiff, ein-, zweimal hin und her rollen lässt, der aber zeigt, dass es wieder frei ist.
Wir schwimmen wieder.
Die Schlepper werfen die Trossen wieder los, die Maschinen unter uns beginnen, wie gewohnt, wieder zu vibrieren, und wir nehmen Kurs auf die offene See, wenn auch mit einer Stunde Verspätung.
„Also das“, sagt meine Frau schließlich, als Malaga in der Ferne verschwindet, „das war aber mal richtig interessant. Das bekommt man nicht alle Tage zu sehen.“
„Pst!“, warne ich sie und lege den Finger auf die Lippen. „Nicht so laut! Nicht dass man uns das noch als kostenpflichtige Sonderveranstaltung berechnet!“

Obstsalat

Meine Frau und ich sitzen im Grand Dining Room unseres Schiffes beim Dinner.
Der Saal ist ein beeindruckender, hoher Raum mit einer schönen Aussicht auf das Kielwasser unseres schwimmenden Luxushotels, mit einem herrlichen, modernen und trotzdem schönen Lüster, dessen Kristall im Takt der Schiffsbewegungen leise klingelt. Gut

geschulte Kellnerinnen und Kellner bewegen sich lautlos zwischen den mit strahlend weißem Damast eingedeckten Tischen, bereit, den Gästen – also uns, erfreulicherweise – jeden Wunsch von den Augen abzulesen.
Das Beste an diesem Speisesaal sind aber zweifellos die Mahlzeiten: Die Küche, die hier an Bord gepflegt wird, sucht Ihresgleichen, und daher freue ich mich immer auf die Essenszeit.
Dem Himmel sei Dank, dass es an Bord keine Waagen gibt...

Gerade wird die Vorspeise serviert.
Wir haben uns beide für „Früchte der Saison in Grand Manier" entschieden, und allein beim Gedanken daran läuft mir das Wasser im Munde zusammen.
Unsere Kellnerin stellt meiner Frau und mir je eine Schale auf den mit Goldrand verzierten Platzteller und wünscht uns einen guten Appetit. Ich ergreife meine Vorspeisengabel und richte meinen Blick erwartungsvoll auf die „Früchte der Saison in Grand Manier".

Hm – das hatte ich mir ein wenig anders vorgestellt.
Scheinbar haben im Augenblick genau die Früchte Saison, die es heute Morgen schon am Frühstücksbüffet gab.
Zufälle gibt es...
Für heute Abend hat man das Obst in kleine Würfel geschnitten, es ist also mehr ein Obstsalat als ein Früchteteller, auch wenn die Schale mit einer frischen Brombeere und einer frischen Erdbeere, die noch ihren Kranz von Fruchtblättern und einem kurzen Stiel trägt, sehr ansprechend verziert ist.
Aber was soll es – schließlich ist ja auch ein guter Obstsalat lecker.

Ich koste ein Stückchen, lasse es einen Augenblick auf der Zunge ruhen.
Ich weiß nicht – bei diesen „Früchten in Grand Manier" vermisse ich entschieden etwas. Ja, klar: Den Grand Manier. Muss wohl in der Hitze der Küche auf dem Weg von der Flasche auf den Teller verdunstet sein...
Meine Frau reißt mich aus meinen Überlegungen.
„Was soll denn das?", will sie entrüstet wissen und streckt mir vorwurfsvoll ihre Erdbeere entgegen, die sie mit spitzen Fingern am Stiel aus ihrer Schale genommen hat. Unter den Blättern der Erdbeere hat sich eine beachtliche Menge an Schmutz versteckt, der jetzt von der Erdbeere in ihren Obstsalat und auf ihre weiße Damast-Servierte rieselt und dort eine hässliche, schwarze

Schmierspur hinterlässt.
„Da hat wohl jemand beim Waschen nicht aufgepasst", meine ich sachlich.
Meine Frau schüttelt ratlos den Kopf.
„Wieso ist das denn beim Anrichten niemandem aufgefallen?"
„Na ja", spekuliere ich, „vermutlich hängt das mit den starken Grand-Manier-Dämpfen in der Küche zusammen..."
Mein Witz ist an meine Frau verschwendet.
„Und weißt du, was das ist?", fragt sie mich und deutet auf den Rand ihres Schälchens.
Ich beuge mich vor und nehme meine Brille ab; seit einigen Jahren kann ich damit nämlich in der Nähe nicht mehr viel erkennen.
Ich sehe... kann das denn sein... ja, eindeutig: Ein Insekt.
Grün.
Fett.
Eine ganz ordinäre Blattlaus, die offensichtlich gut im Futter steht.
„Nun, offenbar leben selbst die Schädlinge auf diesem Schiff bestens", informiere ich meine Frau, die aber wiederum nicht auf meine Äußerung eingeht.
„Nein, das mag ich nicht essen!", entscheidet sie.
Ich nicke.
Kann ich verstehen.
Blattläuse zählen nicht unbedingt zu unseren Lieblingsgerichten.
Noch nicht einmal in Grand Manier.
Ist aber alles überhaupt kein Problem.
Ich winke unsere nette Kellnerin herbei, weise sie dezent auf das kleine Malheur der Küche hin und bitte um einen neuen Obstsalat... pardon, um eine neue Portion „Früchte der Saison in Grand Manier" für meine Frau.

Während meine Frau wartet, lasse auch ich meine Gabel ruhen, schließlich weiß man ja, was sich gehört. Ich überbrücke die Wartezeit, indem ich ein Brötchen (frisch gebacken, noch warm, kross, aromatisch duftend) aus dem Brotkorb hole, den Deckel der Butterdose abhebe (massives Silber, nach dem Gewicht zu schließen könnte man damit locker das Haushaltdefizit eines kleinen Landes ausgleichen) und mein Brötchen mit cremiger, genau auf den Punkt gekühlter Butter bestreiche.
Eben als ich fertig bin, erscheint unsere Kellnerin mit der neuen Vorspeise für meine Frau.
Ah!
Endlich!

Aber jetzt!
Wieder spieße ich ein Fruchtstück auf meine Gabel, als meine Frau unterdrückt „Schau dir das an!" ruft und mir erneut die Schale mit ihrem Fruchtsalat präsentiert.
Ich mustere den Inhalt der Schale kritisch.
Eine Erdbeere als Verzierung, sauber gewaschen, beinahe geschrubbt, man kann sich fast in ihrer Oberfläche spiegeln.
Die filetierte Orangenspalte daneben wirkt allerdings ein klein wenig eingestaubt, seltsamerweise genau wie die Orange ihrer ersten Portion.
Daneben – hoppla....
Ich nehme erneut meine Brille ab.
Dort sitzt unverkennbar eine Blattlaus.
Grün.
Fett.
Gut im Futter.
„Kannst du mir erklären, was das soll?", erkundigt sich meine Frau erbittert.
Hm.
Kniffelige Frage.
„Vielleicht", mutmaße ich, lege bei dem Gedanken schnell meine Gabel beiseite und inspiziere den Brotkorb, ob er vielleicht noch eines der knusprigen Brötchen enthält, „vielleicht gehört die Laus ja zum Rezept?"
Meine Frau schiebt den Teller von sich.
„Also, jetzt bin aber enttäuscht", verkündet sie. „Richtig enttäuscht. Und das bei dem Anspruch, den man hier stets lautstark an sich selbst stellt..."
Ich nicke.
Sie hat natürlich, wie immer, recht.
Es ist einfach empörend.
Eine nette Dekoration der Blattlaus wäre doch wirklich das Mindeste gewesen, was man hier hätte erwarten dürfen...

Nachtruhe

„Gute Nacht, Schatz, träum was Schönes!"
Mit diesen Worten schaltet meine Frau das Licht aus. Ich wickle mich in meine Bettdecke und schaue träge durch das Fenster unserer Kabine, vor dem die Lichter der nächtlichen italienischen Küste vorbeiziehen. Morgen werden wir in Savona ankommen

und dort ausschiffen, und unsere Kreuzfahrt ist vorbei. Schade, schade.
„Aber nun wird geschlafen!“, ermahne ich mich. Zwar ist es erst kurz nach zehn Uhr am Abend, aber der heutige Tag war anstrengend. Das ganze Schiff war den Tag über wie meistens gegen Ende einer Reise nervös und unruhig in Erwartung des morgigen Aufbruchs, und insbesondere das Kofferpacken nach dem Abendessen war auch nicht unbedingt eine Freude. Aber jetzt stehen die Koffer vor der Tür und warten auf die Abholung durch die Stewards, und ich schließe die Augen.
Schließlich wird auch die morgige Abreise anstrengend werden. Morgen in Savona…

… wo es nervenzerreißend fiept.
Warum eigentlich? So laut habe ich Savona nun wirklich nicht in Erinnerung! Ich taste in der Dunkelheit völlig orientierungslos um mich. Das laute Fiepen, von dem ich immer noch nicht weiß, woher es kommt, malträtiert meine Ohren. Meine Finger finden aber nichts, überall ist nur eine Wand. Meine Frau erlöst mich schließlich, indem sie auf ihren Lichtschalter drückt.
Jetzt erkenne ich endlich auch, was das schreckliche Fiepen verursacht: Das Telefon in der Kabine. Es hat während der ganzen Reise nicht einmal geklingelt und holt das Versäumte jetzt offenbar nach.
„Ein Anruf um halb eins in der Nacht?“, fragt meine Frau erschreckt. „Oh Gott, es wird doch zu Hause nichts passiert sein?“
Ich schwinge mich aus dem Bett, gehe zum Telefon, das mittlerweile auf ein lautes Dauer-Pfeifen umgeschaltet hat, und hebe mit klopfendem Herzen den Hörer ab. Lachende Kinderstimmen sind zu hören, einige italienische Wortfetzen, dann wird die Verbindung unterbrochen.
„Und?“, fragt meine Frau angespannt.
„Nichts“, antworte ich ihr und lege den Hörer nicht auf, sondern neben die Gabel. Vorsichtshalber. „Nur die Kreuzfahrtvariante eines Klingelstreiches. Schlaf weiter.“
Wie schon gesagt: Das ganze Schiff ist halt nervös…

… wie auch meine Frau, die mich ein paar Minuten später rüttelt. „Ich kann nicht schlafen“, erklärt sie mir. „Mir ist jetzt von dem Schrecken ganz heiß.“
„Na, dann drehen wir eben die Klimaanlage hoch“, antworte ich ihr und drehe den Regler bis zum Anschlag auf „Kalt“. Sofort streicht

ein kühler Luftstrom über uns hinweg, und wieder kuschle ich mich in meine Bettdecke, während ich dem blechernen „Klang… Klang… Klang" lausche, das jetzt mit der kühlen Luft aus der Gebläse der Klimaanlage dringt. Unser Schiff ist zwar noch recht neu, aber auf einer italienischen Werft gebaut, die es mit der Qualität irgendwie nicht so genau genommen hat.
Macht aber nichts.
Das regelmäßige, beinahe schon rhythmische Klappern wirkt beruhigend. Mir fallen die Augen zu…

… bis ich wieder im Bett sitze, ohne überhaupt gemerkt zu haben, aufgefahren zu sein. Neben mir sitzt meine Frau.
„Um Himmels Willen! Was war das denn für ein Schlag?", fragt sie mit zittriger Stimme.
Weiß ich auch nicht.
Ich weiß nur, dass irgendetwas Großes, Schweres, Metallenes mit einem entsetzlichen Knall in unmittelbarer Nähe eingeschlagen ist.
Könnte eine Granate gewesen sein.
Eine Granate mit einem ordentlichen Kaliber.
Diesmal bin ich derjenige, der den Lichtschalter findet und den Blick suchend durch die Kabine streifen lässt: Sieht aus wie immer. Links von unserem Bett das Fenster, über uns das große Loch in Deckenverkleidung, rechts von uns eine Sitzecke, davor der Schminktisch mit seinem Hocker…
Moment.
Das Loch in der Decke, das ist neu. Und der wirre Haufen Metall-Panele auf dem Boden vor unserem Bett auch. Ich werfe einen zweiten, ausgiebigeren Blick auf die Bescherung: Da ist offenbar die Abdeckung der Klimaanlage abgestürzt, hat einen Teil der Deckenverkleidung mitgerissen und gewährt uns jetzt ungehinderten Blick auf die gelben Fasermatten der Isolierung.
Und den Auslass der Klimaanlage.
Der jetzt übrigens nicht mehr klappert.
Ja, ja, zu irgendwas ist schließlich alles gut…
Ich revidiere meine Meinung: Von wegen mit der Bauqualität nicht so genau genommen. Qualität hat offenbar nicht die geringste Rolle gespielt.
„Und jetzt?", fragt meine Frau.
Ratlosigkeit schwingt in ihrer Stimme mit.
„Liegen lassen!", antworte ich ebenso kalt wie bestimmt und bette meinen Kopf zurück aufs Kissen.

Soll sich doch morgen ein Techniker drum kümmern.
Mich stört es nicht mehr. Schließlich müssen wir morgen in aller Frühe von Bord.
Ein kurzer Blick auf den Wecker: Kurz nach zwei.
Höchste Zeit, um endlich zu schlafen···

··· und von Schneewittchens sieben Zwergen zu träumen. Genauer gesagt, von der Szene des Disney-Zeichentrickfilms, in der die niedlichen Wichtel wohlgemut und singend ins Bergwerk einfahren. Ich kann sogar das Lied richtig gut hören: „Hei-ho, Hei-ho!" Ich kann es sogar noch hören, als ich aus meinem jetzt recht leichten Schlaf aufwache, und verspüre für einen Moment den Impuls, meine Frau zu bitten, doch den DVD-Player abzuschalten. Dann wird mir aber bewusst, wo ich mich befinde: Auf einem Schiff auf dem Meer.
Ohne DVD-Player.
Bergbau kann hier unmöglich betrieben werden.
Und auch Wichtel befinden sich meines Wissens auch nicht an Bord.
Obwohl der Lärm, das Donnern, Schlagen und Krachen, das sich jetzt erhebt, durchaus den Gedanken an gewisse Arbeitstechniken des Bergbaus nahe legen.
Ich schalte das Licht an, schaue in die offenen Augen meiner Frau.
„Wie spät ist es?", fragt sie müde.
„Kurz vor drei.", antworte ich ihr nach einem Blick auf den Wecker nicht minder müde.
„Wer zum Teufel macht mitten in der Nacht einen solchen Höllenkrach?", erkundigt sie sich erbittert.
Weiß ich auch nicht.
Werde ich aber, pflichtbewusst, wie ich bin, feststellen.
Wieder erhebe ich mich aus dem Bett, ziehe meinen Bademantel über und nähere mich der Quelle des Lärms: Der Kabinentür, denn der Krawall kommt eindeutig von der anderen Seite, aus dem Kabinengang.
Ich nähere mich sehr, sehr vorsichtig, denn mittlerweile ist das fröhliche „Hei-ho!" einer Weise gewichen, die mich stark an asiatische Schlachtgesänge erinnert und in meinen Ohren ziemlich bedrohlich wirkt. Ich öffne unsere Kabinentür, spähe mit einem Auge hinaus.
Aha.
Ursache des Lärms sind, wie schon vermutet, nicht die sieben Zwerge.

Es ist auch nicht Schneewittchen.
Es sind die Kabinenstewards, die dieses Deck des Schiffes betreuen. Ihnen obliegt nämlich die Pflicht, das Gepäck für die Ausschiffung in einigen Stunden einzusammeln und per Aufzug nach unten, auf das Versorgungsdeck zu transportieren. Eine schwere Arbeit, immerhin müssen sie Dutzende und Aberdutzende von Koffern bewegen, die jeweils einen halben Zentner wiegen. Trotzdem erfüllen sie ihre Aufgabe mit bewundernswerter Hingabe, und was würde aufmunternder wirken bei einer nächtlichen Arbeit als ein fröhliches, kleines Liedchen zu schmettern?
Toll, dieser Arbeitsethos.
Könnte sich zuhause mancher eine Scheibe von abschneiden.
Dass die philippinischen Shantys leider auch auf die schlafenden Gäste in ihren Kabinen aufmunternd wirken, darf da einfach nicht weiter ins Gewicht fallen.
Ich schließe die Kabinentür wieder und erkläre meiner Frau den Sachverhalt.
„Verdammt, ich will aber schlafen!", stöhnt sie. „Wie lange dauert das denn noch?"
„Na ja", gebe ich zurück, „wenn die Koffer weg sind, ist sicher wieder Ruhe. Vielleicht eine halbe Stunde, höchstens eine."
Meine Frau stöhnt nochmals und zieht sich ihre Bettdecke über den Kopf, und auch lege mich wieder hin, um, irgendwann, vielleicht, doch noch zu etwas Schlaf zu kommen.
Ein paar Minuten wenigstens···

Früh am nächsten Morgen, wie an Ausschiffungstagen halt üblich, sitzen wir beim letzten Frühstück an Bord im Restaurant und beobachten durch die Fenster die gerade aufgehende Sonne und das Anlegemanöver. Meine Frau wirkt blass und übernächtigt und hält sich an ihrer Kaffeetasse fest. Allein die Tatsache, dass sie den Ölschlamm, den unsere Reederei als Kaffee deklariert, überhaupt trinkt, sagt schon mehr als tausend Worte.
„Weißt du, auf was ich mich am meisten freue?", will sie unvermittelt von mir wissen.
Ich schüttle den Kopf; meine Frau verstehen zu wollen habe ich schon vor langer, langer Zeit aufgegeben.
„Auf heute Abend", seufzt sie. „Auf mein Bett. Und vor allem auf eine ungestörte Nachtruhe..."

Reisekleidung

Wir sitzen in Venedig am Flughafen. Heute ist für uns – meine Frau und mich – der letzte Tag einer herrlichen Kreuzfahrt.
Aber irgendwann geht halt auch alles Schöne einmal zu Ende.
Und dann folgt das weniger Schöne.
In unserem Fall der Flughafen.
In Venedig ist er immer heillos überlastet und voll wie die Tokioter U-Bahn zur Stoßzeit. So sind wir nach Aufgabe unseres Gepäcks nach draußen geflüchtet, wo einige Steinbänke aufgestellt sind, auf denen wir uns niederlassen können. Draußen hat allerdings heute einen kleinen Nachteil: Draußen ist es heute ziemlich kalt. Schließlich ist schon Herbst, und da sind auch in Venedig die Temperaturen nicht mehr allzu hoch. Also haben wir unsere Jacken aus dem Handgepäck gekramt und angezogen.
Unsere Reisejacken.
Fleece-Jacken.
Normalerweise mag ich keine Klamotten aus Kunstfaser, aber für die Reise ist Fleece ideal: Wind- und wasserabweisend, warm und vor allem leicht. Das freut natürlich die Fluggesellschaft…

Meine Frau stöbert durch eine der Seitentaschen ihrer Jacke.
„Schau mal, was ich da gefunden habe!", ruft sie auf einmal und zieht ein Knäuel blauer Kabel hervor.
Ich werfe neugierig einen ausgiebigen Blick darauf: Billige Kopfhörer, wie man sie auf manchen Touren bekommt. Nur – wir nahmen auf dieser Reise doch gar nicht an einer solchen Tour teil?
„Die sind noch aus New York!", erklärt mir meine Frau auf meine entsprechende Frage und legt die Kopfhörer neben sich auf die Bank.
„Das war doch schon vor zwei Jahren!", merke ich verwundert an. „Schleppst du die Dinger die ganze Zeit mit herum?"
Sie nickt, kramt weiter und bringt dann ein paar Münzen zum Vorschein.
„Diesen Euro habe ich doch im Parkhaus des Flughafens von Düsseldorf gefunden", erklärt sie mir und weist auf Münze, einen ganz ordinären Euro mit dem Bundesadler auf der Rückseite. „Weißt du nicht mehr?"
Doch.
Weiß ich noch.
Jetzt, wo sie mich daran erinnert.
War aber auch schon vor anderthalb Jahren.

„Und dieser Quarter-Dollar, den habe ich am Times Square aufgelesen. Und diesen Cent in Charleston."
Sie legt die Münzen zu den Ohrhörern und öffnet die andere Seitentasche. Die Tasche enthält einen kleinen Riegel Pfefferminzbonbons und einige Papiere.
„Die Bonbons habe ich in diesem netten Hotel in Miami mitgenommen", meint sie wehmütig.
„Würde ich nicht mehr essen", kommentiere ich trocken.
Auch das ist nämlich jetzt ein Jahr her.
„Die sind nach all der Zeit sicher nicht gut."
Sie entfaltet die Zettelchen.
„Ach, die Ermäßigungskarten für die Sagrada Familia in Barcelona. Letztes Frühjahr. Und, schau mal, woher ist das denn?"
„Aus Lissabon", antworte ich nach einem Blick auf die Quittung, die mir meine Frau hinhält.
„Wir waren doch noch nie in Lissabon?", fragt sie mich verwundert.
„Doch. 2007", entgegne ich und enthalte mich jeden weiteren Kommentars.
„Was ist das denn für eine Münze?
Sie reicht mir ein weiteres Geldstück.
„Kommt aus Kanada", erwidere ich nach einem kurzen Studium.
„Hast du, glaube ich, in Halifax gefunden. In der alten Zitadelle."

Wir betrachten beide nachdenklich den kleinen Haufen Krimskrams auf der Steinbank.
„Man kann ja über deine Jacke sagen, was man will", meine ich schließlich, als sie anfängt, die Sachen wieder zu verstauen, „aber eines muss man ihr lassen: Sie ist schon ganz schön weit herumgekommen."

Ausschiffung

Meine Frau und ich sitzen im Foyer unseres Schiffes in den gemütlichen Polstern einer der dort aufgestellten Sitzgruppen. Wir tragen unsere bequeme und trotzdem robuste Reisekleidung, und zu unseren Füßen stehen die beiden Taschen unseres Handgepäcks. Heute ist nämlich der Tag, den jeder begeisterte Kreuzfahrer fürchtet und der sich trotzdem nie vermeiden lässt: der Tag der Ausschiffung.
Unsere Seereise ist zu Ende.
Wir müssen von Bord.

Nach Hause.
Dorthin, wo kein gutes Restaurant auf uns wartet, wo es keinen Kellner und keinen Kabinensteward gibt, der einem jeden Wunsch von den Augen abliest.
Zurück ins Arbeitsleben.
Was für ein Mist···

Für die Organisation der Ausschiffung bedient sich unsere Reederei des gleichen Systems, das praktisch alle Anbieter benutzen. Wir haben für unsere Reisekoffer farbige Kofferanhänger erhalten, als wir sie gestern Abend zum Abtransport bereit stellten, und jetzt wird eine Farbe nach der anderen dazu aufgerufen, sich zur Gangwaypforte zu begeben. Um die Gruppen überschaubar und klein zu halten, gibt es mehr als zwei Dutzend verschiedene Farben, die von „Rot 1" bis „Schwarz 5" reichen.
Wir haben „Grün 4": Aufbruch voraussichtlich zwischen 8.45 Uhr und 9.00 Uhr, wie uns die Ausschiffungsinformation am Vortag verriet.
Und so warten wir nun, dass „Grün 4" aufgerufen wird, damit wir von Bord gehen, unsere Koffer in Empfang nehmen und uns im Transferbus zum Flughafen verfrachten lassen können.

„Sollten wir nicht schon längst dran sein?", fragt meine Frau auf einmal, als unsere Sitznachbarn aufstehen und sich zum Ausgang aufmachen.
Ich blicke auf die Uhr.
„Ja, es muss eigentlich bald soweit sein", informiere ich sie. „Gerade ist Grün 2 an der Reihe, und so in einer Viertelstunde müssten wir aufgerufen werden."
Einige Minuten später erfolgt der Aufruf von „Grün 3", kurz danach von „Blau 1". Der Farbwechsel ist nichts Ungewöhnliches, manchmal geht es halt etwas durcheinander. Immerhin sind die Farben ja auch immer bestimmten Transfers oder Abreisearten zugeordnet, so dass jeder Reisende seinen Weitertransport bequem erreichen kann.
„Langsam wird es aber Zeit", seufzt meine Frau und stutzt, als die Ansage „Grün 5" lautet. „Sag mal, haben wir vielleicht unsere Farbe überhört?"
Ich schüttle den Kopf.
„Nein, kann nicht sein. Sei doch nicht so ungeduldig. Immerhin ist es noch nicht mal neun Uhr, wir sind doch voll im Zeitplan!"

Nach „Blau 2" und „Violett 5" verlassen die Passagiere von „Grün 6" das Schiff, und das Foyer leert sich zusehends.
„Du hast doch den Aufruf überhört", meint meine Frau mit unüberhörbarer Kritik in der Stimme, und ich fürchte langsam, dass sie wie immer recht hat. Es ist nämlich mittlerweile schon zwanzig Minuten nach Neun, höchste Zeit also.
Ich erhebe mich seufzend.
„Gut, ich frage bei der Zahlmeisterei nach", erkläre ich ihr und begebe mich zum Tresen der Kundenbetreuung.
Dort beruhigt man mich umgehend.
Nein, „Grün 4" sei noch nicht aufgerufen worden. Kommt aber gleich. Man bitte um ein klein wenig Geduld.
Eine Auskunft, die ich wörtlich an meine Frau weitergebe···

Eine gute halbe Stunde später – mittlerweile waren „Grün 7", „Rosa 2", „Violett 1 – 3" und „Schwarz 1" an der Reihe – erhebt sich meine Frau und greift resolut nach ihrem Handgepäck.
„Da stimmt was nicht!", entscheidet sie sachlich. „Wir gehen jetzt zur Gangway, ob aufgerufen oder nicht."
Folgsam hebe ich weisungsgemäß mein Handgepäck an, und gemeinsam machen wir uns auf den Weg zum Ausgang.

Vor der Gangwaypforte stoßen wir auf eine Reedereimitarbeiterin, die uns freundlich informiert, dass wir leider, leider noch warten müssten, wenn wir nicht die Farbe „Schwarz 1" besäßen. Wenn wir bitte noch ein wenig Geduld aufbringen würden···
Ich informiere sie meinerseits, dass uns nicht „Schwarz 1", sondern „Grün 4" zugeteilt worden sei. Und dass wir daher eigentlich schon längst von Bord gegangen sein sollten.
Grün 4?
Das beunruhigt die Hostess.
Sie blättert hektisch in einer Liste und ruft dann zu ihrer Kollegin an der Pforte: „Martha, ist Grün 4 schon aufgerufen?"
„Grün 4?", fragt Martha stirnrunzelnd und vergisst darüber sogar, dem Paar, das gerade von Bord geht, eine gute Heimreise zu wünschen. „Grün 4 wurde schon vor über einer Stunde ausgeschifft. Alice, die hast du doch sogar selbst aufgerufen!"
„Ich? Ich habe Grün 4 nicht aufgerufen! Das solltest du doch machen!"
„Quatsch! Ich sagte ausdrücklich···"
Beide sehen mich unwillig an, als ich den überaus interessanten Dialog mit einer Frage unterbreche: „Wenn ich es richtig verstehe,

dann darf Grün 4 also von Bord?"
Alice nickt widerwillig.
„Selbstverständlich, schon seit einer guten Stunde. Und wenn Sie sich jetzt richtig ordentlich beeilen, erwischen Sie vielleicht sogar noch Ihren Shuttlebus zum Flughafen."

Später, im Bus, den wir in buchstäblich letzter Sekunde noch erreichten, lehnt sich meine Frau in ihrem Sitz zurück und zieht eine nachdenkliche Miene.
„Einen Cent für deine Gedanken!", ziehe ich sie auf.
„Ach, ich frage mich, was wohl passiert wäre, wenn wir einfach im Foyer sitzen geblieben wären", meint sie nachdenklich. „Wenn wir uns einfach nicht gerührt hätten, bis das Schiff wieder ablegt. Meinst du, die hätten überhaupt gemerkt, dass wir nicht von Bord gegangen sind?"

Feindberührung

Ich begebe mich ins Badezimmer, um mich dem schlimmsten Augenblick einer Kreuzfahrt zu stellen.
Dem mit Abstand schlimmsten Augenblick.
Dem Augenblick, an dem ich zum ersten Mal nach der Reise meinem Erzfeind entgegentreten muss: Der Badezimmerwaage.

Kreuzfahrten zeichnen sich nämlich im Allgemeinen dadurch aus, dass man auf See sehr gut und sehr umfassend verpflegt wird. Meist in verschiedenen Restaurants, häufig rund um die Uhr und, wenn man das will, per Kabinenservice direkt ans Bett. Und gestern, ja gestern sind wir von einer in mehrerlei Hinsicht außergewöhnlichen Seereise zurückgekehrt.
Außergewöhnlich insofern, als die Küche auf diesem speziellen Schiff wirklich außerordentlich gut war, was natürlich dazu verführte, außerordentlich viel zu essen.
Zumindest mich verführte es...
Außergewöhnlich aber auch insofern, als es sich um eine Transatlantikreise handelte, eine Reise also mit vielen Seetagen, an denen man buchstäblich nichts macht.
Außer, sich zu entspannen.
Im Liegestuhl zu faulenzen.
Zu lesen.
Und, natürlich, zu essen.

Und dafür muss man bezahlen.
Nach der Reise.
Auf der Waage.
In meinem Fall: Heute.
Aber darauf kann man sich ja vorbereiten.
Im Badezimmer durchsuche ich also zuerst meine Hosen- und Hemdentaschen. Meist habe ich zwar nur ein Papiertaschentuch dabei und manchmal mein Portmonee, aber das wiegt natürlich auch.
Raus also mit dem Krempel.
Lege ich alles auf dem Fensterbrett ab.
Nur überflüssiger Ballast.
Und nun: Ran an den Feind.

Die Waage wartet geduldig auf ihrem Platz. Es handelt sich um ein einfaches, älteres Modell, das mechanisch funktioniert. Im Grunde also nur ein flacher, rechteckiger Kasten aus silbergrauem, mittlerweile etwas verkratztem Kunststoff mit einem runden Fenster, in dem die Skala mit den gefürchteten Zahlen rotiert. Das runde Anzeigefenster ist an der oberen Kante mit einer kleinen Lupe versehen, die die angezeigte Zahl schön vergrößert, um zu verhindern, man könnte die schlechte Botschaft missverstehen.
Gerade als ich auf den grauen Kunststoff steigen will, fällt ein einzelner Sonnenstrahl durchs Fenster und bricht sich in der kleinen Lupe.
Es wirkt, als würde die Waage mir zublinzeln.
„So, so, so", scheint sie zu sagen, „ist ja schon eine Zeitlang her, dass wir uns gesehen haben. Drei Wochen, was? Drei Wochen Kreuzfahrt. Bin ja gespannt, was du mir heute so alles zumutest."
Ich schlucke den Kloß in meinem Hals hinunter und wage den gefürchteten Schritt. Ein kleiner Schritt für einen Menschen, aber voraussichtlich ein großer Sprung für die Diät-Industrie...
Die Anzeigescheibe rotiert wild in ihrem Gehäuse, pendelt sich schließlich auf eine Zahl ein. Ich warte geduldig darauf, dass sie sich wie gewohnt wieder etwas in die Gegenrichtung dreht – aber das tut sie nicht.
Kein Stückchen.
Und die Zahl, die ich dank der Lupe glasklar lesen kann... ist... oh, nein... sie ist verheerend.
Einfach verheerend.
„Das gibt ´s doch nicht!", murmle ich für mich. „Ich habe doch nicht über drei Kilo zugenommen!"

„Oh doch", antwortet mir meine Waage neunmalklug, „das gibt es durchaus. Denk doch einfach mal an die vielen, doppelten Portionen Creme Brûlée! Das Filet Mignon. Und das viele Boeuf Stroganoff! Wer hat das alles verdrückt, was meinst du?"
Ja, ich weiß, ich weiß.
Trotzdem: So viel Gewichtszunahme, das kann einfach nicht sein.
Da muss ein Fehler vorliegen.
Und im Augenwinkel, da sehe ich diesen Fehler auch schon: Unseren kleinen Russisch-Blau-Kater. Der Schlingel hat sich mit mir ins Bad geschlichen und sich einen Spaß darauf gemacht, mit mir auf die Waage zu steigen!
Er wiegt, das wissen wir genau, dreieinhalb Kilo.
Ja, dann...

Ich schnappe mir den Kater und sperre ihn aus dem Bad aus.
Wohlgemut steige ich wieder auf die Waage, schaue dem Ballett der rotierenden Ziffern zu... und ächze leise, als genau die gleiche Angabe wie vorher erscheint.
Lag wohl doch nicht am Kater.
Nein, da muss was in der Waage kaputt sein.
Aber das kann man ja überprüfen.
Ich verlasse das Bad, hole mir meinen verdutzten Kater zurück und stelle ihn auf die Waage. Was er wiegt, weiß ich ja, wie schon erwähnt.
Bei ihm rotiert die Anzeigescheibe bei weitem nicht so dolle.
Und sie bleibt genau zwischen drei und vier stehen.
Dreieinhalb Kilo.
Ob er vielleicht abgenommen hat?
Bei dem vielen Futter, mit dem er in unserer Abwesenheit durch seinen Katzensitter, meine Eltern und nicht zuletzt meinen Sohn versorgt wurde?
Eher unwahrscheinlich.
Außerdem sieht er kein Gramm schlanker aus als vor unserer Reise.
Nein, abgenommen hat er sicher nicht.

Jetzt ist guter Rat teuer.
Ich entlasse den Kater aus seiner Aufgabe als Eichgewicht und denke nach. Als ich mich vor der Kreuzfahrt wog, was trug ich da eigentlich? Doch nicht die schwere Jeans und den dicken Baumwollpulli, die ich jetzt trage?
Weg damit!
Ich ziehe Pulli und Hose aus und trete zum dritten Mal auf die

Waage.
Aha! Jetzt schaut es ein klein wenig besser aus.
Aber immer noch weit entfernt von gut.
Irgendwie stimmt was nicht.
„Ja, da stimmt was nicht", meldet sich die Waage wieder. Ihre Stimme trieft jetzt geradezu vor Häme.
„Was nicht stimmt, sind die großen Portionen Bacon mit Rührei und Bohnen, die du zum Frühstück verschlungen hast. Von den vielen Kobe- und Back-Angus-Hamburgern am Nachmittag mal ganz zu schweigen. Der viele Beluga-Kaviar mit Champagner. Die unzähligen Hummer Thermidor. Und vergiss die Räucherlachs-Pizza zwischendurch nicht. Ach, ich wüsste da noch eine ganze Reihe anderer Punkte, die nicht stimmen."
„Ach, halt doch deine blöde Klappe!", knurre ich, steige von der Waage und überlege fieberhaft.

Die Unterwäsche?!
Das muss es sein.
Die hat sich garantiert in der salzigen Seeluft während der Kreuzfahrt und der anschließenden gründlichen Wäsche mit irgendwelchen Mineralien vollgesogen.
Schweren Mineralien.
Vermutlich sogar Schwermetallen.
Ganz bestimmt.
Die kam die ganze Zeit schon so gewichtig vor.
Also runter mit dem Zeug!
Erneut betrete ich die Waage, diesmal ganz, ganz langsam und vorsichtig. Nicht, dass das blöde Teil sich noch erschreckt.
Wieder rotiert die Anzeige, wieder steht ein kleines bisschen weniger als vorher in der Lupe, aber immer noch viel zu viel.
Nein, das kann nicht sein.
Die Waage ist kaputt, da bin ich mir ganz sicher.

Ich bücke mich und untersuche die Waage.
An ihrer Vorderseite finde ich ein kleines Stellrädchen, mit dem man den Nullpunkt der Waage kalibrieren kann.
Ah ja – ich denke, nein, ich bin sicher, dass der Nullpunkt verstellt wurde.
Passiert gelegentlich.
Zum Beispiel dann, wenn meine Frau beim Saubermachen mit dem Fuß des Staubsaugers daran stößt.
Also mache ich mich an die Arbeit, den Nullpunkt neu einzustel-

len.
Mit einer gewissen Kreativität natürlich.
Schließlich muss man ja sich nicht sklavisch an jede Vorschrift halten, oder?
Die Rufe der Waage, die lauthals und fröhlich „Schummler! Du schummelst! Schummler!" kräht, ignoriere ich souverän.
Ich werde mir doch nicht von einem blöden Haushaltsgerät vorschreiben lassen, was ich tue!
Wäre ja noch schöner!
Zum Schluss steige ich zum letzten Mal auf das Foltergerät, und na bitte: Ich wiege gerade mal ein lächerliches Pfund mehr als vor der Reise.
Jawohl!
Waage: 0, Stefan: 1.
Da fällt dir kein blöder Spruch mehr ein, was?

Ich begebe mich aus dem Badezimmer in die Küche, um meiner Frau die gute Nachricht zu verkünden.
„Ich habe mich gerade gewogen", erkläre ich ihr und kann ein kleines bisschen Triumph in meiner Stimme nicht unterdrücken, „und ich habe mein Gewicht praktisch gehalten."
Meine Frau misst mich mit einem langen Blick von oben bis unten.
„Hm", meint sie schließlich, „und was machst du das nächste Mal? Wenn du nichts mehr zum Ausziehen hast, meine ich..."

Déjà-vu

Mit einem kräftigen Schlag, den ich bis in die Wirbelsäule spüre, setzt unsere Boeing auf der Landebahn in Barcelona auf. Wir haben auf dem Weg zu unserer Kreuzfahrt einen kurzen, leider aber nicht sehr bequemen Flug hinter uns. Nicht sehr bequem, weil unsere bevorzugte Fluggesellschaft vor kurzem leider die Bestuhlung ihrer Maschinen austauschte und anstelle der bisherigen, recht komfortablen Sessel nur noch die in Billigfliegern üblichen, schlecht gepolsterten, rückenmordenden Plastikgestelle anbietet, die eigentlich das touristische Äquivalent zu vorsätzlicher Körperverletzung darstellen.
Schade.
Aber was soll es – gleich haben wir es überstanden.
In einer Stunde sind wir auf unserem Schiff...

Unsere Maschine rollt zum Terminal. Die Stewardess bittet routiniert darum, noch sitzen zu bleiben und die Gurte geschlossen zu halten, „bis wir unsere endgültige Parkposition erreicht haben“, und erreicht mit ihrer Durchsage, dass die Hälfte der Passagiere prompt aufsteht und das Handgepäck aus den Fächern über den Sitzen zerrt.
So wie immer eben ...
Wir bleiben sitzen, ich sehe nämlich gar nicht ein, warum ich unnötig im Gang herumstehen soll. Schließlich haben wir genug Zeit, und auch die ganz Eiligen trifft man meistens am Gepäckausgabeband wieder.
Ein Gefühl des Déjà-vu befällt mich unvermittelt und sehr stark.
Das hatten wir doch schon mal?
Oder doch nicht?
Ich schüttle den Kopf, um das Déjà-vu zu vertreiben. Wir reisen relativ viel, und da ähneln sich die Situationen gelegentlich.
Kommt vor...

Wir erreichen das Gate. Mit einem kurzen Nicken kommt die Boeing zum Stillstand. Das gedämpfte Heulen der Turbinen verstummt. Wir sind da.
Ich sehe aus dem Fenster: Keine Außenposition heute. Dort drüben ist die schlauchähnliche Gangway, die gleich an den Einstieg unserer Maschine herangefahren wird.
Im Gang zwischen den Sitzen drängeln sich die ungeduldigen Reisenden und knuffen sich gegenseitig mit ihrem Handgepäck.
„Was heißt hier Handgepäck!“, denke ich müßig, während ich die Überseekisten betrachte, die einige unserer Mitreisenden in die Kabine mitgenommen haben. Manche führen scheinbar ihren ganzen Hausstand mit. Die Fluggesellschaft hat zwar sehr ausführliche Vorschriften zum Handgepäck und regelt Maximalgewicht und -größe sehr streng, aber offenbar sind meine Frau und ich die einzigen sind, die diese Regeln beachten.
Meint zumindest meine Frau regelmäßig.
Meist mit unverhohlenem Ärger in der Stimme.
Weil sie natürlich auch gerne mehr mitnehmen würde und von mir daran gehindert wird. Völlig unnötigerweise···

Die Passagiere im Gang werden langsam unruhig. Wir stehen jetzt bereits mehr als zehn Minuten am Gate, und noch immer ist die Türe zu. Einige der Wartenden lassen ihr Gepäck fallen, natürlich auf die Füße ihrer Mitreisenden.

Wieder befällt mich das Déjà-vu.
Wieder will ich es verscheuchen, als sich auf einmal meine Frau zu mir wendet und augenzwinkernd meint: „Weißt du was? Die haben schon wieder die Bremsklötze vergessen!"
Sie sagt das recht laut, so laut, dass einige unserer Mitreisenden kurz überrascht und dann ungläubig zu uns schauen. Ein älterer Herr schnaubt sogar durch die Nase.
Bremsklötze vergessen?
Schwachsinn! Immerhin handelt es sich hier um einen Linienflug und nicht um die tollkühnen Männer in ihren fliegenden Kisten…
Mir fällt jetzt aber alles wieder ein.
Vor einem Jahr mussten wir hier in Barcelona lange in der Maschine warten, weil der Flughafen niemanden abgestellt hatte, der die Räder der Maschine sicherte, und so durfte die Gangway nicht ausgefahren werden.
Deswegen also das Déjà-vu.
„Glaube ich nicht", antworte ich schließlich meiner Frau, „die Sache mit den Bremsklötzen war eine einmalige Panne."
In diesem Augenblick knackt der Lautsprecher über uns, und der Flugkapitän meldet sich. Er entschuldigt sich für die Verzögerung, teilt uns aber mit, dass es noch etwas dauern könne. Der Grund dafür, so erzählt er uns, und ich kann die Verlegenheit in seiner Stimme hören, liege in einem Personalengpass beim Flughafen: Zwar hat man den Fahrer der Gangway rechtzeitig ans Gate geschickt, aber leider gibt es im Augenblick niemanden, der die Bremsklötze an die Räder unseres Flugzeugs legen kann. Und solange die Räder nicht gesichert sind, solange darf der Gangway-Fahrer nicht seines Amtes walten.
Und wir dürfen nicht aussteigen.
„Wie lange das dauert, kann ich Ihnen leider nicht sagen", schließt er seine Durchsage ab, „meine persönliche Schätzung liegt irgendwo zwischen einer und einhundert Minuten. Sorry."

Meine Frau und ich sehen uns an.
Für einen langen Augenblick.
Und brechen schließlich, von den anderen Passagieren mit unverhohlenem Staunen beobachtet, in herzhaften Gelächter aus.
Vermaledeite Bremsklötze!

Irgendwann, so zwischen einer und einhundert Minuten nach der Durchsage des Flugkapitäns, ich wische mir gerade die Tränen aus den Augen, öffnet sich schließlich die Tür, und wir dürfen ausstei-

gen.
Auch die Bremsklötze sind endlich eingetroffen.
Hurra!
„Wenn wir das nächste Mal nach Barcelona fliegen", informiere ich meine Frau, als wir durch die Gangway zum Terminal gehen, „das nächste Mal werden auch wir auf die Gewichtsgrenzen beim Handgepäck pfeifen."
„Ach", meint sie, leicht schnippisch, „hast du es endlich eingesehen und lässt mich mehr Gepäck mitnehmen?"
„Nein", erwidere ich, „nicht mehr Gepäck. Aber ein paar Bremsklötze..."

Der Autor

Stefan Schöner lebt mit seiner Familie in Unterfranken. Trotz der großen Entfernung zum Meer zählt er seit einem Jahrzehnt zum Kreis der Kreuzfahrtbegeisterten und unternimmt mindestens eine Seereise im Jahr. Als Ergebnis seiner Reisen entstanden nicht nur die auf seiner Homepage www.urlaub-auf-hoher-see.de veröffentlichten Reiseberichte, sondern auch eine Reihe von Reisegeschichten, von denen das vorliegende Buch eine Auswahl präsentiert. Bisher veröffentlichte Schöner mehrere Kurzgeschichten – unter anderem die Geschichte „Der Fund" in der Anthologie Spuren sowie „Urlaub auf hoher See - Heitere Kurzgeschichten rund um die Kreuzfahrt" sowie „T.A. Transatlantik - Ein Kreuzfahrtkrimi" im Westflügel Verlag.

Andere lieferbare Titel aus unserem Verlags-sortiment:

Urlaub auf hoher See
Heitere Kurzgeschichten
rund um die Kreuzfahrt
Stefan Schöner, 140 Seiten
ISBN 978-3-939408-12-3
13,90 €

Britannia Kuriosa
104 Seiten
20 Farb- und
25 Schwarzweißfotos
ISBN 978-3-939408-08-8
Preis 14,90 Euro

Thekenbrust & Zackendruse
Kolumnen
Karsten-Thilo Raab
116 Seiten
ISBN 978-3-939408-11-6
12,50 €

Erhältlich in Ihrer Buchhandlung - oder bestellen Sie einfach direkt auf:

www.westfluegel-verlag.de